표준보육과정과 누리과정에 의한

보육실습

조성연 정진화 공저

신정

머리말

여성의 경제활동 참여와 저출산 문제가 사회적 이슈가 되면서 정부나 민간 차원에서는 보육에 대해 지속적인 관심을 기울이고 있다. 또한, 보육 현장에서 발생하는 여러 가지 문제들로 인해 국가에서는 「영유아보육법」을 개정하여 보육시설에 대한 기준뿐만 아니라 보육교사의 자격 기준도 강화하고 있다.

보육은 영유아가 접하는 최초의 기관으로서 이를 담당하는 보육교사의 역할과 자질, 태도, 신념과 가치관, 철학 등은 매우 중요하다. 미래 보육교사가 될 학생들은 대학 등의 양성기관에서 수업과 실습을 통해 이러한 모든 것을 배운다. 보육과 관련한 지식이나 태도, 신념 등은 단순히 교재만 가지고 배우기에는 영유아를 이해하고, 보육교사 자격 취득 후 보육교사로서의 역할 수행을 하는 데도 어려움이 있다. 무엇보다 보육은 실제 현장에서 영유아와의 상호작용을 통해 보육교사로서의 자질을 함양하고, 배운 지식을 현장에 적용하면서 보육교사 스스로 자신의 가치관이나 신념, 태도 등을 확립하는 것이 중요하다. 그러므로 보육교사 자격을 취득하는 데 있어 보육실습은 대학 등의 양성기관에서 배운 모든 지식을 현장에 적용해보는 총체적인 과정으로서 그 어떤 교과목보다 중요하다.

지난 수년간 보육 현장에서는 다양한 문제들이 끊임없이 발생하면서 정부에서는 보육교사의 자격 기준을 강화하였는데, 특히 보육실습 이수 기준을 대폭 강화하였다. 그리하여 정부는 2017년부터 보육실습 시간을 4주

160시간에서 6주 240시간으로 확대하였고, 보육실습 교과목에서 반드시 대면수업을 포함한 이론 수업을 진행하도록 「영유아보육법 시행규칙」을 개정하였다.

보육실습은 보육교사로서의 역할 수행 경험이 거의 없는 학생들이 직접 어린이집에서 보육교사로서의 다양한 역할을 해보는 교과목이다. 이를 위해 보육실습은 보육과 관련한 여러 교과목을 이수한 후 실시해야 하므로 대학 등의 양성기관에서는 졸업을 앞둔 학년의 1, 2학기 중에 실시하는 경우가 대부분이다. 보육실습을 위해 학생들은 표준보육과정과 누리과정의 이해를 통한 보육활동계획안의 작성, 영유아 관찰, 기본생활습관 지도 등의 보육교사로서 그 역할을 수행하는데 필요한 기본적인 방법을 알고 있어야 한다. 보육실습을 통해 학생들은 학급 내에서의 영유아와의 상호작용을 포함하는 보육교사로서의 역할뿐만 아니라 실습지도교사와 원장, 보육교직원과의 인간관계도 경험하게 된다. 이러한 일련의 경험은 아직 보육 현장이나 보육교사로서의 역할에 익숙하지 않은 학생들에게 상당한 스트레스를 준다. 학생들이 실습으로 인한 스트레스를 최소화하기 위해서는 보육실습을 나가기 전에 보육실습과 관련한 내용을 충분히 이해해야만 한다. 그러므로 보육실습 교과목은 미래 보육교사가 되기 위해 갖추어야 할 자세와 태도, 신념, 철학, 기본 역할 등에 대한 이해를 기초로 자격증 취득을 위한 법적 기준에 대한 이해, 현장에서 적용할 보육활동계획안 작성 방법이나 영유아 관찰 방법, 실습지도교사 등과의 인간관계에 대한 기본적인 이해가 있어야 한다.

이에 본서는 보육실습 전반에 대한 이해와 실제를 나누어 제1부는 조성연 교수가, 제2부는 정진화 교수가 각각 집필하였다. 제1부는 보육실습과 관련한 전반적인 이해와 법적 기준, 보육실습 계획과 실습지도교사와의 관계, 영유아 관찰 방법을 다루고, 제2부는 보육현장의 이해를 위해 보육과정의 운영 실제, 보육실습생이 작성하게 될 다양한 문서 실무에 대한 안내,

보육실습 후의 평가와 관리에 대한 내용으로 구성하였다. 이미 보육실습과 관련한 다양한 저서들이 출판되어 있으나 기존 저서들과의 차별화를 위해 본서는 제4차 표준보육과정과 2019 개정 누리과정에서 요구하는 보육활동 계획안 작성의 예시를 최대한 다양하게 제시하고자 노력하였다. 또한, 다수의 저서들에서는 표준보육과정과 누리과정과 영유아의 발달 등에 대한 내용을 다루고 있으나 본서는 보육실습과 직접 관련되는 내용을 중심으로 대학 등의 양성기관의 15주 수업 중 6주간의 보육실습 기간을 제외한 나머지 수업 기간에 맞춰 활용할 수 있도록 계획하여 집필하였다.

오랜 시간 대학에서의 보육실습 교과목을 운영해본 경험에 비추어 볼 때 보육실습에서의 이론 수업은 현장 실습으로 인해 그리 넉넉하지 않다. 그리하여 본서는 대학에서의 보육실습 교과목 운영에 필요한 내용을 중심으로 학생들이 현장실습을 나가기 전에 알아두어야 할 것과 현장에서 필요한 것에 초점을 두고 집필하고자 노력하였다. 늘 그래왔듯이 출판사로 원고를 넘길 때면 아쉬운 마음이 남는다. 보육실습은 오래전부터 계획했던 책이었는데 이제야 원고를 마무리하여 출판하게 되었음에도 여전히 아쉬운 부분이 많은 것같다. 이러한 부분은 이 책을 보는 후학들이나 학생들이 채워줄 것이라 믿는다. 마지막으로 이 책을 출판할 수 있도록 도움을 주신 신청출판사의 최용구 사장님과 교정과 편집을 도와준 편집부에 진심으로 감사한 마음을 전한다.

2022년 2월

천안캠퍼스 연구실에서

조성연, 정진화

차례

CHAPTER 02 보육실습의 법적 기준

CHAPTER 03 보육실습 계획

CHAPTER 04 보육실습기관에서의 관찰

CHAPTER 08 보육실습 평가 · 관리

01
CHAPTER

보육실습의 이해

CHAPTER 1

보육실습의 이해

1. 보육교사직의 이해

보육은 국가직업능력표준(NCS)에 의하면 영유아의 보호와 양육, 보육과정 운영과 교수, 영유아의 평가와 안내, 상담과 정서적 지원 등의 일을 하는 직무다. 이를 위해 국가직업능력표준에서는 보육교사직의 원활한 수행을 위한 12가지 능력과 각각의 능력 단위 수행에 필요한 요소를 제시하고 있다. 국가직업능력표준에서 제시한 보육교사로서 수행해야 할 직무와 관련한 능력(신혜원, 민성혜, 김의향, 신윤승, 2016, pp. 84-87)과 이에 대한 능력단위와 능력단위 요소(〈표 1-1〉 참조)는 다음과 같다.

- 어린이집 운영방침 수립 능력: 어린이집 운영철학에 따라 당해 연도 운영방안과 보육계획을 수립하고, 학급을 구성하여 운영하며, 연간 행사를 계획하는 능력
- 어린이집 환경구성 능력: 영유아의 흥미와 발달 특성에 적합한 흥미 영역 등의 실내·외 물리적 환경구성, 시설·설비와 비품 및 활동자료 등을 관리하는 능력
- 보육 활동 운영 능력: 영유아가 자신의 흥미와 발달 수준에 따라 보

육 활동에 참여할 수 있도록 자유놀이 활동, 대·소집단 활동, 실외 활동 등을 운영하고, 기본생활 습관을 지도하는 능력

- 영유아 놀이지도 능력: 영유아의 발달 수준에 적합한 놀이를 활성화하도록 다양한 놀이를 준비하고 촉진하며 놀이를 다른 활동과 연계하고 통합하여 지도하는 능력
- 신체·예술 활동지도 능력: 영유아의 발달 수준에 적합한 신체활동과 음악, 미술 등의 예술 활동에 필요한 활동자료를 준비하여 지도하는 능력
- 언어, 수·과학 활동지도 능력: 영유아의 의사소통과 수·과학 관련 탐구 능력의 향상을 위해 필요한 활동자료를 준비하여 지도하는 능력
- 영유아의 건강·안전·영양지도 능력: 영유아의 발달 수준과 특성에 따라 영유아가 어린이집에서 건강하고 안전하게 그리고 균형 있는 영양 상태를 유지하며 지낼 수 있도록 지도하는 능력
- 보육평가 능력: 영유아 발달뿐만 아니라 보육과정과 어린이집 시설 운영 등이 적절하게 이루어지고 있는지를 파악하는 능력
- 영유아 발달지원 능력: 발달지체나 장애가 있는 영유아를 지도하고 도와주기 위해 가족과 연계하여 지도 방법을 고려하고 부모상담이나 전문기관과 전문가 연계하기 등을 지원하는 능력
- 가정·지역사회와의 협력 능력: 부모상담, 부모교육, 부모참여 등을 통한 가정과의 협력과 어린이집이 지역사회 일원으로서 협력하고 기여할 수 있도록 지원하는 능력
- 보육 운영관리 능력: 어린이집 운영에 필요한 보육통합정보시스템 이용, 인사, 회계, 보육실습 지도 등을 관리하고 지원하는 능력
- 보육 연구 능력: 보수교육, 보육 현장 관련 연구, 보육활동이나 프로

표 1-1 국가직업능력표준(NCS)에서 제시한 보육의 직무능력표준 능력단위와 능력단위 요소

능력단위	능력단위 요소	능력단위	능력단위 요소
1. 어린이집 운영방침 수립	연간 운영방안 수립하기 반 구성하기 보육계획안 수립하기 연간행사 계획하기	7. 영유아 건강·안전·영양 지도	영유아 건강지도 영유아 안전지도 영유아 영양지도
2. 어린이집 환경구성	보육실 놀이환경 구성하기 실내·외 환경 구성하기 시설·설비와 비품 관리하기 활동자료 관리하기	8. 보육평가	영유아 관찰·평가하기 보육과정 평가하기 보육운영 평가하기
3. 보육활동 운영	흥미영역 운영하기 영유아 생활지도하기 대·소집단 활동 운영하기 실외활동 운영하기	9. 영유아발달 지원	사례별 발달 지원하기 아동상담하기 전문가 연계하기 장애아 발달 지원하기
4. 영유아 놀이지도	기능놀이 참여·촉진하기 상상놀이 참여·촉진하기 구성놀이 참여·촉진하기 놀이 연계 및 통합하기	10. 가정·지역 사회와의 협력	부모상담하기 부모교육하기 부모참여 지원하기 지역사회 협력하기
5. 신체·예술 활동지도	신체활동 진행하기 음률활동 진행하기 미술활동 진행하기	11. 보육운영 관리	보육통합정보시스템 이용하기 어린이집 인사 관리하기 어린이집 회계 관리하기 보육실습 관리하기
6. 언어, 수·과학 활동지도	언어활동 진행하기 수·조작활동 진행하기 과학활동 진행하기	12. 보육연구	보육현장 연구하기 보육프로그램 개발하기 보육교사교육 참여하기 보육인력 멘토링하기 보육관련 전문단체와 기관에 참여하기

〈출처〉 김명순, 황혜정, 박영림, 김지연(2013). **국가직업표준능력(NCS): 보육분야 개발과정**, pp. 152-156.

그램 개발, 동료교사와의 멘토링 등에 참여하여 보육교사로서의 전문성 신장과 자질 계발을 도모하는 능력

보육교사직은 영유아를 대상으로 수행하는 직무이므로 그 내용이 매우 다양하고 광범위하다. 즉, 보육교사직은 영유아의 개별적인 특성을 고려한 보육과정의 계획과 실행, 영유아를 둘러싼 물리적·인적 환경의 관리와 유지, 원장·보육교직원·영유아의 가족·지역사회 구성원과의 협력적 관계 형성, 보육교사 자신의 전문성 신장을 위한 자기 계발 등을 수행하는 업무를 포함한다. 무엇보다 보육교사는 영유아의 발달과 보육을 위해 상당한 노력과 수고를 통한 돌봄을 강조하여 다른 직업과 차별화되는 직무 특성이 있다(박은혜, 2018, pp. 35-37; 신혜원 외, 2016, pp. 54-61).

- 영유아를 대상으로 이들이 나타내는 신호에 민감하게 반응해야 한다.
- 영유아의 전인 발달을 도와주기 위해 영유아를 위한 보육과정을 수립하고, 환경을 조성하여 영유아에게 필요한 경험을 제공해주어야 한다.
- 돌봄과 교육을 조화롭게 유지해야 한다.
- 보육활동을 수행하는데 필요한 전문적 지식과 자율성 및 이를 위한 오랜 시간의 교육과 훈련을 통한 자격증 취득이 필요하다.
- 사회적 지위와 경제적 보상, 윤리강령, 자신의 권익을 보호할 수 있는 단체 등이 있다.
- 보육 업무를 수행하는데 필요한 적성과 흥미 등의 개인 내적 요인이 필요하고 영유아에 대한 사회적 책임을 담당해야 한다.

참고 1 보육직무능력 수준

1. 국가직업능력표준에서의 능력단위에 따른 보육직무능력

능력단위	능력단위 요소	수준					
		3	4	5	6	7	8
어린이집 운영방침 수립	연간 운영방안 수립하기						
	반 구성하기						
	보육계획안 수립하기						
	연간행사 계획하기						
어린이집 환경구성	보육실 놀이환경 구성하기						
	실내·외 환경 구성하기						
	시설·설비와 비품 관리하기						
	활동자료 관리하기						
보육활동 운영	흥미영역 운영하기						
	영유아 생활지도하기						
	대·소집단 활동 운영하기						
	실외활동 운영하기						
영유아 놀이지도	기능놀이 참여·촉진하기						
	상상놀이 참여·촉진하기						
	구성놀이 참여·촉진하기						
	놀이 연계 및 통합하기						
신체·예술 활동지도	신체활동 진행하기						
	음률활동 진행하기						
	미술활동 진행하기						
언어, 수·과학 활동지도	언어활동 진행하기						
	수·조작활동 진행하기						
	과학활동 진행하기						
영유아 건강·안전·영양지도	영유아 건강지도						
	영유아 안전지도						
	영유아 영양지도						

보육평가	영유아 관찰·평가하기						
	보육과정 평가하기						
	보육운영 평가하기						
영유아발달 지원	사례별 발달 지원하기						
	아동상담하기						
	전문가 연계하기						
	장애아 발달 지원하기						
가정·지역사회와의 협력	부모상담하기						
	부모교육하기						
	부모참여 지원하기						
	지역사회 협력하기						
보육 운영관리	보육통합정보시스템 이용하기						
	어린이집 인사 관리하기						
	어린이집 회계 관리하기						
	보육실습 관리하기						
보육연구	보육현장 연구하기						
	보육프로그램 개발하기						
	보육교사교육 참여하기						
	보육인력 멘토링하기						
	보육관련 전문단체와 기관에 참여하기						

2. 수준에 따른 보육교사 직종과 보육 활동 내용

수준	보육교사 직종	보육활동 내용
3	보육교사 3급	신체·예술활동 지도, 언어, 수·과학활동 지도, 영유아 건강·안전·영양지도
4	보육교사 2급	어린이집 환경 구성, 보육 활동 운영, 영유아 놀이지도
5	보육교사 1급	보육평가, 가정·지역사회와의 협력
6	주임교사	보육 운영관리, 어린이집 운영방침 수립
7	주임교사	영유아발달 지원
8	어린이집 원장	보육연구

〈출처〉 신혜원 외(2016). **보육교사론**. pp. 90-91.

2. 보육교사 자격증

보육교사는 영유아의 보호와 교육을 통해 영유아가 건강한 사회구성원으로 성장할 수 있도록 지원할 뿐만 아니라, 영유아의 보호자도 지원하여 가정의 복지증진에 기여한다(신혜원 외, 2016, p. 13). 이를 위해 보육교사는 영유아가 지닌 잠재력을 충분히 발휘하여 영유아가 성숙한 인간으로 성장하고 발달할 수 있도록 돕는다. 즉, 보육교사는 영유아의 무한한 가능성을 인정하고 이를 통해 전인적 발달을 돕기 때문에 실천적 행위에 초점을 둔 가치관과 윤리의식이 필요하다. 이를 위해 국가에서는 보육교사를 위한 자격증 규정을 마련하여 관련 기관에서 교육할 수 있는 교육과정을 「영유아보육법」상에 규정하고 있다. 법적 기준에 따른 보육교사의 직종은 보육교사 1급, 2급, 3급, 어린이집 원장으로 나뉜다.

1) 보육교사 1급

보육교사 1급은 보육교사 2급 자격을 가진 자가 3년 이상의 보육 업무 경력이 있거나 보육교사 2급 자격을 취득한 후 보육 관련 대학원에서 석사학위를 취득하고 보육 업무 경력이 1년 이상인 자로서 80시간의 승급교육을 이수한 경우에 취득할 수 있다.

2) 보육교사 2급

보육교사 2급은 대학 등 양성기관에서 「영유아보육법 시행규칙」 [별표4]에 따른 17과목의 51학점을 이수하고, 6주 240시간의 보육현장실습에서 80점 이상의 평가점수를 획득한 경우에 취득할 수 있다. 또한, 보육교사 3급 자격을 가진 자가 2년 이상의 보육 업무 경력이 있는 경우에 80시간의 승급교육을 이수하면 취득할 수도 있다.

3) 보육교사 3급

보육교사 3급은 고등학교 또는 이와 같은 수준 이상의 학교를 졸업한 사람으로서 보육교사교육원(또는 교육훈련시설)에서 22과목 65학점의 교육과정을 수료하고, 6주 240시간의 보육현장실습에서 70점 이상의 평가점수를 획득한 경우에 취득할 수 있다.

참고 2 **직업기초능력 평가척도**

영역	문항	매우 미흡	약간 미흡	보통	약간 우수	매우 우수
의사소통능력	직무에 필요한 문서를 읽고 내용을 이해할 수 있다.					
	직무의 목적과 상황에 적합한 아이디어와 정보를 전달할 수 있는 문서를 작성할 수 있다.					
	다른 사람의 말을 주의 깊게 듣고 적절하게 반응할 수 있다.					
	목적과 상황에 맞는 말과 비언어적 행동을 통해 아이디어와 정보를 효과적으로 전달할 수 있다.					
수리능력	실제적이고 복잡한 업무 상황에서 문제를 해결하기 위해 측정 도구를 설계·활용하고, 결과물을 분석해서 제시할 수 있다.					
	연속적인 과제를 포함하는 업무 상황에서 사용한 수학적 사고와 기법의 효과성을 평가하고, 조사 결과를 제시할 수 있다.					
	간단한 업무 상황에서 적절한 수학적 사고와 기법을 선택하여 정확한 측정을 하고, 획득한 정보를 해석할 수 있다.					

문제 해결 능력	직무 상 발생한 문제를 해결하기 위해 창의적, 논리적, 비판적으로 생각할 수 있다.					
	직무 상 발생한 문제에 대해 적절한 해결책을 적용하여 해결할 수 있다.					
자기 개발 능력	자신의 부족한 점에 대한 개선책을 찾고, 수행 결과에 대한 조정과 평가를 할 수 있다.					
	자신의 장점에 대한 자부심이 있으며, 수행 계획을 세우는 등의 능력을 발휘할 수 있다.					
	자신에 대한 인식을 통해 목표를 수립하여 적용할 수 있다.					
자원 관리 능력	직무에 필요한 시간을 확보하여 업무 수행에 할당할 수 있다.					
	직무에 필요한 물적 자원을 확보하여 업무 수행에 할당할 수 있다.					
정보 능력	직무에 필요한 컴퓨터 관련 이론을 이해하여 업무 수행에 인터넷과 소프트웨어를 활용할 수 있다.					
	직무에 필요한 정보를 찾아내고, 업무 수행에 적합하게 조직·관리하여 활용할 수 있다.					
기술 능력	실제적이고 복잡한 업무 상황에서 다양한 기술을 비교하여 적합한 기술을 선택, 적용하고, 향후에 필요한 새로운 기술을 확인할 수 있다.					
	연속적 과제를 포함하는 업무 상황에서 기술 매뉴얼을 참고하여 필요한 기술을 선택하여 활용함으로써 현장 적용성을 평가할 수 있다.					
	간단한 업무 상황에서 상사의 지시에 따라 업무에 필요한 기술의 원리와 절차를 이해하여 선택함으로써 적절한 기술을 활용할 수 있다.					
대인 관계 능력	다른 구성원들과 목표를 공유하고 원만한 관계를 유지하며, 자신의 역할을 이해하여 책임감 있게 업무를 수행할 수 있다.					
	조직구성원들의 업무 향상에 도움을 주며 동기화 시킬 수 있고, 조직의 목표와 비전을 제시할 수 있다.					
	조직구성원 사이에 갈등이 발생하였을 때 이를 원만히 조절할 수 있다.					
	다른 사람과 효과적으로 협상할 수 있다.					

조직 이해 능력	새로운 조직체계를 설계하고 다양한 조직의 운영을 이해하며, 상황의 변화를 업무에 적용할 수 있다.					
	조직구성원 간의 관계를 이해하고 역할에 따른 업무를 수행할 수 있다.					
	조직의 체제와 구조, 문제점을 확인하며, 다른 기관과의 차이를 이해할 수 있다.					
직업 윤리	직무 상 요구되는 기본적인 윤리를 준수할 수 있다.					
	공동체의 유지·발전에 필요한 기본적인 윤리를 준수할 수 있다.					

〈출처〉 신혜원 외(2016). **보육교사론**, pp. 87-89의 내용을 수정하여 제시함.

3. 보육실습

1) 개념

보육실습은 대학 등 양성기관에서 배운 보육과 관련한 다양한 지식을 보육현장에 적용하여 보육교사로서의 역할을 직접 수행해보는 것이다. 보육실습은 보육교사 자격증 취득을 위해 필수적으로 수행해야만 한다. 보육실습을 통해 보육실습생은 보육에 대한 전반적인 이해를 높이면서 보육교사로서 필요한 기술을 획득할 뿐만 아니라, 보육교사로서의 자질과 태도를 함양할 수 있다.

2) 목적

보육실습은 미래 보육교사가 되고자 준비하는 과정에서 학생인 보육실습생이 어린이집에서 보육교사로서의 역할을 직접 수행함으로써 전문적 능력을 획득하고 보육교사로서의 적성과 자질을 점검하고 평가해보는 기회를 갖는 것이다. 그러므로 보육실습은 보육실습생에게 보육교사로서 갖추어야 할 지식, 기술, 태도 등을 습득할 수 있는 기회가 된다.

보육실습을 통해 보육실습생은 보육교사가 수행하는 다양한 역할, 즉, 영유아를 위한 양육대행자, 학습촉진자, 생활지도자, 상호작용자임과 동시에 가정과 지역사회와 관계를 유지하는 역할(김경애, 2000; 양수영, 2019, pp. 35-36에서 재인용) 등을 이해하고 수행해보는 기회를 가질 수 있다. 이를 위해 보육실습생은 실습기관의 철학이나 운영방침을 이해하고, 적극적 자세로 영유아와 보육교직원을 존중하면서 성실하고 근면하게 실습에 임해야 한다. 보육실습을 통해 보육실습생이 달성하려는 목적은 다음과 같다(보건복지부, 한국보육진흥원, 2017, p. 3; 윤은경, 이미나, 김형수, 2021, pp. 16-17; 임부연, 김성숙, 송진영, 2018, pp. 101-102).

- 보육의 철학과 목적 및 목표에 대한 생각을 발전시킨다.
- 보육교사로서의 다양한 역할을 체험해봄으로써 영유아의 발달적 특징을 이해한다.
- 대학 등의 양성기관에서 배운 보육과 관련한 이론을 보육 실제에 접목하여 실천할 수 있는 기회를 통해 직접 영유아와 상호작용하며 적용해본다.
- 연령과 발달 수준에 적합한 구체적인 보육내용, 놀이 중심의 상호작

용, 영유아의 흥미를 고려한 효과적인 교수-학습방법 등을 관찰하고 직접 수행해봄으로써 영유아에 대한 관심과 이해를 도모한다.

- 실습기관의 실내·외 환경을 구성해보고 활동자료를 활용해본다.
- 보육교사로서의 자질과 전문성, 책임 있는 태도와 자세를 함양하고 자기 이해와 검증 과정 및 보육교사직에 대한 인식과 태도를 형성한다.
- 영유아가 건강한 생활을 하는 데 필요한 건강, 영양, 안전 등과 관련한 지침을 습득하여 적용해본다.
- 보육실습기관과 가정, 지역사회와의 연계를 경험하고, 어린이집 내 조직문화 등 보육기관의 특성을 이해한다.
- 보육교직원과의 관계를 통해 인간관계에 대한 이해도를 높인다.

3) 의의

보육실습생은 보육실습을 통해 직접 영유아와 상호작용하면서 다양한 행정적 역할도 해볼 수 있어 미래 보육교사로서 수행하게 될 다양한 경험을 할 수 있다. 그러므로 보육실습은 보육교사가 되는 데 있어 보육실습생에게 여러 가지 의의를 지닌다(박은혜, 2018, pp. 146-149; 보건복지부, 한국보육진흥원, 2017, p. 4; 윤은경 외, 2021, pp. 17-19).

- 보육실습은 이론 중심으로 배웠던 지식을 실제 적용해보면서 실천적 지식을 습득하고, 영유아에 대한 이해를 향상시킬 수 있다. 보육교사가 되는 데 있어 현장 경험을 통해 배운 실천적 지식이 필요하다. 실천적 지식은 보육교사가 현장에서 문제를 해결하거나 결정해야 하는 경우 그 상황에 맞도록 보육교사 스스로 창조한 전문가적인

지혜다.

- 보육실습은 대학에서 습득한 지식을 현장에 적용하고 검증하여 심화시키는 역할을 할 뿐만 아니라 보육 현장에서 필요한 다양한 전문적 기술을 획득할 수 있다. 보육교사는 보육 활동을 계획하여 실행하는 등의 역할을 수행하는 전문적 지식이 필요하다. 이를 위해 보육실습생은 실습지도교사가 수행하는 일과 운영, 놀이지도, 대·소집단 활동 등과 같은 영유아와의 다양한 상호작용을 관찰하여 이를 직접 수행해보는 기회를 가질 수 있다.
- 보육실습 시 영유아, 원장, 보육교직원, 부모, 동료 실습생 등과의 인간관계에서의 다양한 상호작용을 통해 의사결정 기회를 경험해볼 수 있다. 이를 통해 보육실습생은 어린이집 내의 수직적·수평적 인간관계를 경험함으로써 보육 현장의 조직문화에 대한 이해와 문제해결 능력을 향상시킬 수 있다.
- 보육실습을 통해 보육교사로서 필요한 지식과 기술을 통합하고 이론과 실제를 연결하는 기회를 가질 수 있다. 대학 등 양성기관에서는 다양한 교과목의 교육원리, 교수-학습 방법, 학급 운영 등과 관련한 지식 등을 단편적으로 학습한다. 그러므로 보육실습은 대학 등 양성기관에서 배운 이론과 지식을 보육실제에 적용할 수 있는 능력을 기를 수 있다.
- 보육실습은 직접 학급을 운영해봄으로써 학급경영 방법과 관련한 행정적 역할을 경험해볼 수 있다. 실습기간 동안 부모나 동료 실습생, 실습지도교사와의 인간관계를 통해 보육교사에게 요구되는 역할과 영유아에게 영향을 미칠 수 있는 보육정책에 대한 이해를 도모할 수 있다.

- 보육실습은 보육교사로서의 능력과 지식, 태도, 자질, 신념 등을 탐색해봄으로써 보육교사로서의 정체성과 교육관 및 사명감을 확인할 수 있다.
- 지역사회에서 어린이집이 수행하는 다양한 역할과 기능이 무엇인지 이해할 수 있다.
- 어린이집에서 운영되는 다양한 부모교육 방법을 관찰하고 이해할 수 있다.

4. 보육인으로서의 윤리

1) 보육실습생의 윤리 규정

보육실습생은 보육실습을 통하여 예비보육교사로서 전문성을 향상시켜야 하고, 영유아의 바람직한 인성 형성을 돕기 위해 윤리규정과 도덕적 규범을 지켜야 한다. 이에 보육실습생이 지켜야 할 윤리규정은 다음과 같다(보건복지부, 한국보육진흥원, 2017, p. 28).

- 신체적, 정신적, 사회적으로 건강해야 한다.
- 영유아를 존중하고 편견이나 차별 없이 그대로 수용해야 한다.
- 영유아를 돌보고 지도하는 것을 즐거워하며 인내심이 있어야 한다.
- 실습지도교사와 보육교직원에게 예의를 지키고 존중한다.
- 보육실습생 상호 간에 존중하고 예의를 지킨다.
- 특정 영유아를 편애하거나 언어적, 신체적 처벌과 상벌을 하지 않는다.

- 실습지도교사가 지시하기 전에 보육실습생으로서 자신이 해야 할 일들을 미리 솔선수범하여야 한다.
- 보육실습 기간 중에 부여된 일을 책임 있게 수행한다.
- 항상 긍정적이고 밝은 모습을 갖도록 노력한다.
- 학부모를 존중하고 예의를 지키되, 학부모와 개인적인 관계를 갖지 않는다.
- 영유아의 신상에 관련된 사항(가정사, 질병, 전화번호 등)을 외부로 유출하지 않는다.
- 실습기관의 내부 정보를 외부로 유출하지 않는다.
- 실습기관의 물품을 함부로 다루지 않으며, 개인적 용도로 사용하지 않는다.
- 실습기관의 영유아 사진이나 이름, 보육실습기관명 등을 실습생의 개인 홈페이지, SNS 등에 올리지 않는다.

2) 보육인 윤리강령

보육인 윤리강령은 한국보육시설연합회(현 한국어린이집총연합회)와 육아정책연구소가 공동으로 2010년에 개발하여 발표하였다. 윤리강령은 서문과 총 4장으로 구성되었으며, 윤리강령의 부속물로 '보육인 윤리선언'을 제작하였다. '보육인 윤리선언'은 총 6개 문장으로 이루어진 선언문이다. 윤리강령이 보다 구체적이고 다양한 내용을 세부적으로 다룬 것에 비해 '보육인 윤리선언'은 행사나 필요한 경우 구어로 읽고 다짐하는데 활용할 수 있도록 하는 데 목적을 두고 제작하였다(한국보육진흥원, 한국아동권리학회, 2021. 11. 개정).

(1) 한국 보육인 윤리선언

나는 영유아의 건강한 성장과 발달을 지원하는 보육교사(어린이집 원장)로서, 직무상의 윤리적 책임을 다하여 다음 사항들을 지킬 것을 다짐합니다.

1. 나는 내가 영유아에게 지대한 영향을 미치는 존재임을 잊지 않으며, 항상 스스로의 말과 행동에 신중을 기한다.
1. 나는 영유아의 인격과 권리를 존중하며, 어떠한 경우에도 영유아에게 해가 되는 일을 하지 않는다.
1. 나는 영유아 가정의 다양성을 이해하고 존중하며, 상호신뢰하는 동반자적 관계를 유지한다.
1. 나는 동료를 존중하고 지지하며, 서로 협력하여 최상의 보육서비스를 제공하기 위해 노력한다.
1. 나는 보육의 사회적 책임과 역할을 인식하고, 영유아의 권익과 복지를 위한 활동에 앞장선다.
1. 나는 '어린이집 원장 · 교사 윤리강령'을 직무 수행의 도덕적 규준으로 삼아 진심을 다하여 충실히 이행한다.

(2) 보육교직원 윤리강령

모든 영유아는 불가침의 인권을 가진 존재임을 확인하고, 보호의 대상이기 이전에 한 사람의 사회구성원으로서 헌법이 정한 인간의 존엄과 가치를 가지고 있음을 인식하여, 유엔아동권리협약의 이념에 따라 보육의 윤리원칙을 정하고, 이에 준거한 보육교직원 윤리강령을 준수할 것을 다짐한다.

<영유아에 대한 윤리>

1. 영유아를 독립된 인격체로 존중하고 건강하고 행복한 사회구성원으로 성장하도록 돕는다.
2. 영유아를 성별, 종교, 문화, 장애, 가정 배경 등에 따라 차별하지 않고 평등하게 대한다.
3. 영유아의 신체적, 심리적 발달에 부정적인 영향을 주는 행위를 하지 않고 안전하게 보호한다.
4. 영유아의 발달 특성을 이해하고 영유아 개인의 흥미와 요구, 의견을 존중한다.
5. 놀이가 영유아의 권리임을 인식하고 충분히 놀이할 수 있도록 지원한다.
6. 영유아가 학대나 방임에 노출되어 있는지 민감하게 관찰하고 필요한 조치를 한다.
7. 특별한 보호와 지원이 필요한 영유아에게 관심을 가지고 적절한 서비스를 받도록 한다.
8. 영유아의 사생활을 존중하고, 개인정보에 관한 비밀을 보장한다.

<가족에 대한 윤리>

1. 영유아의 1차적 책임이 부모에게 있음을 인식하고, 그들과 협력적 관계에서 보육을 수행한다.
2. 개별가족의 양육 가치와 신념, 가족의 사회문화적 다양성과 고유성을 이해하고 존중한다.
3. 어린이집의 보육철학, 프로그램 특성을 가족과 공유함으로써 보육에 대한 이해를 돕는다.

4. 영유아의 보육 경험과 발달 특성, 건강 및 안전 상황에 관한 정보를 가족과 공유한다.
5. 어린이집을 가족에게 개방하고, 보육에 대한 가족의 참여를 보장한다.
6. 가족의 사생활과 비밀보장에 대한 권리를 존중한다.

<동료에 대한 윤리>

보육교직원

1. 서로의 자율성과 다양성을 인정하고 존중과 신뢰를 바탕으로 협력한다.
2. 갈등이나 의견 차이를 개방적이고 수용적인 태도로 해결한다.
3. 어린이집의 철학과 신념을 공유하여 프로그램을 지속적으로 개선시킨다.
4. 서로의 지식, 경험, 자원을 공유하고 전문성 향상을 위해 노력한다.

원장

1. 보육교직원의 업무를 명확히 안내하고 업무 기준을 준수한다.
2. 근로 여건을 보장하고 최적의 인적, 물적 업무환경을 조성한다.
3. 민주적으로 의견을 개진하고 상호 협력하는 조직문화를 조성한다.
4. 원내외 교육, 학습공동체, 코칭 등으로 보육교직원의 전문성 향상을 지원한다.

나와 사회에 대한 윤리

1. 보육에 대한 사회적 책임을 인식하고 질 높은 보육을 제공한다.

2. 영유아와 보육교직원의 권익을 위한 제도의 수립과 개선에 적극 참여한다.
3. 아동친화적인 양육환경 조성을 위해 지역사회 관련 기관들과 협력한다.
4. 보육교직원으로서 사명감을 갖고 사회적 위상을 높이기 위해 노력한다.

02
CHAPTER

보육실습의 법적 기준

2 CHAPTER 보육실습의 법적 기준

1. 보육실습 기관

보육실습이 가능한 기관은 법적으로 인가받은 정원 15명 이상으로 평가제를 통과한 어린이집 또는 교육과정과 방과후 과정을 운영하는 유치원이다. 어린이집이나 유치원은 보육교사 1급 또는 유치원 정교사 1급 자격을 가진 교사가 있어야만 보육실습을 지도할 수 있다. 어린이집이 평가제를 통과했는지의 여부는 임신육아종합포털 아이사랑 홈페이지(http://www.childcare.go.kr)에서 확인할 수 있다.

2. 보육실습 관련 규정

1) 보육실습 교과목

대학 등 양성기관에서는 「영유아보육법 시행규칙」 [별표 4]에 따라 보육실습을 보육실무 영역의 필수 교과목으로 편성하여 운영해야 한다. 보육실습 교과목에서는 2017년 1월 1일부터 어린이집에서 6주 240시간을 실습해야 하고, 보육실습을 위한 이론수업을 반드시 함께 운영해야 한다. 즉, 대학 등 양성기관은 보육실습 교과목으로 3학점을 기준으로 최소 2학점 이상을 편성하여 운영해야 한다. 보육실습은 교과목 명칭과 관계없이 보육실습기관과 보육실습기간의 조건을 충족하면 보육실습으로 인정한다. 「영유아보육법 시행규칙」 [별표4]에 따른 보육교사 2급 자격 취득을 위한 교과목과 대면 교과목은 〈표 2-1〉과 〈표 2-2〉에 제시한 바와 같다.

보육실습 교과목을 운영할 때 실습은 6주로 비교적 길어 2회에 나누어 실시할 수 있다. 대학 등 양성기관은 2·3년제 대학과 4년제 대학 간 교육 기간의 차이로 인해 그 운영에 차이가 있을 수 있다. 즉, 보육실습 교과목은 보육실습 교과목이 운영되는 학기에 개설하여 운영해야 하므로 4년제 대학의 경우에는 3학년 2학기 겨울방학이나 4학년 1학기나 2학기에 나눠서 운영할 수 있고, 2·3년제 대학은 2학년 2학기, 3학년 1학기나 2학기에 실시할 수 있다. 보육실습은 융통성 있는 교육과정 운영을 위해 교과목이 개설된 학기 직전과 직후 방학을 이용할 수도 있다. 유아교육과의 경우에는 유치원 교사 자격 외에 보육실습 교과목을 운영하는 경우에 한 해 보육교사 2급 자격을 취득할 수 있다. 이를 위해 유아교육과에서는 유치원 정교사(2급) 자격 취득을 위한 4주간의 교육실습 시 실습생이 방과후 과정이 있는 유치원에서 종일제로 교육실습을 하고 추가로 2주를 해당 교육실습 기관에서 종일제로 실습하거나 별도의 보육기관을 선정하여 실습할 수 있다.

| 표 2-1 | 보육교사 2급 자격 취득을 위한 교과목

영역		이수과목수(학점)	교과목
교사 인성(필수)		2과목(6학점)	보육교사(인성)론, 아동권리와 복지
보육 지식과 기술	필수	9과목(27학점)	보육학개론, 보육과정, 영유아발달, 영유아교수방법론, 놀이지도, 언어지도, 아동음악(또는 아동동작, 아동미술), 아동수학지도(또는 아동과학지도), 아동안전관리(또는 아동생활지도)
	선택	4과목(12학점) 이상	아동건강교육, 영유아 사회정서지도, 아동문학교육, 아동상담론, 장애아지도, 특수아동 이해, 어린이집 운영관리, 영유아 보육프로그램 개발과 평가, 보육정책론, 정신건강론, 인간행동과 사회환경, 아동간호학, 아동영양학, 부모교육론, 가족복지론, 가족관계론, 지역사회복지론
보육 실무(필수)		2과목(6학점)	아동관찰 및 행동연구, 보육실습

*주: 보육교사 2급 자격을 취득하기 위한 대학 등의 양성기관이 유아교육과인 경우, '보육학개론'은 '유아교육개론'으로, '보육과정'은 '유아교육과정'으로 대체하여 이수할 수 있음. 또한, 대학마다 교과목 명칭에 약간씩 차이가 있을 수 있으므로 이는 해당 교과목의 강의계획서를 첨부하여 한국보육진흥원에서 유사교과목으로 인정받을 수 있음

〈출처〉「영유아보육법 시행규칙」[별표4]

| 표 2-2 | 보육교사 2급 자격 취득을 위한 대면 교과목

영역	교과목
교사 인성	보육교사(인성)론, 아동권리와 복지
보육 지식과 기술	놀이지도, 언어지도, 아동음악(또는 아동동작, 아동미술), 아동수학지도(또는 아동과학지도), 아동안전관리(또는 아동생활지도)
보육 실무	아동관찰 및 행동연구, 보육실습

*주: 대면 교과목은 과목당 8시간 이상 출석 수업과 1회 이상 출석 시험 실시를 의무화함. 단, 보육실습은 '보육실습 교과목 운영 기준'에 따름

〈출처〉「영유아보육법 시행규칙」[별표4].

2) 보육실습 운영

(1) 보육실습 시간

보육실습은 이론수업과 보육현장실습으로 운영하되, 보육현장실습은 6주 240시간 이상을 원칙으로 한다. 다만, 보육현장실습은 그 기간을 2주와 4주 혹은 3주씩 2회로 나누어 실시할 수도 있다. 보육실습을 분리하여 실시하는 경우에는 동일한 기관이나 2개의 다른 기관에서 실시할 수 있다. 기간을 나누고 2개 기관에서 실습을 실시할 경우, 보육실습은 2개 기관과 기간을 합하여 평일(월요일~금요일) 오전 9시부터 오후 7시 사이에 실행하여 하루 8시간씩 240시간 이상 실습한 경우에만 인정된다. 다만, 부득이한 사유가 있다고 보건복지부장관이 인정하는 경우로서 하루에 실습한 시간이 6시간 이상인 경우에는 실제로 실습한 시간을 인정한다.

(2) 보육실습 지도교사

보육실습 시 해당 기관의 실습지도교사는 1명당 3명 이하의 보육실습생을 지도할 수 있고, 보육교사 1급 자격이나 유치원 1급 정교사 자격을 가지고 있어야만 한다. 실습지도교사는 어린이집지원시스템을 통해 성명과 자격종류(자동연동)를 선택한 후 자격번호를 입력하여 실습지도교사 정보와 모든 보육실습생 이름을 등록해야만 한다.

(3) 보육실습 교과목

대학 등 양성기관에서의 보육실습은 3학점 이상의 '보육실습'이라는 교과목 명칭으로 이수한 경우에만 인정하는 것을 원칙으로 한다. 다만,

‘보육현장실습’, ‘학교현장실습’, ‘교육실습’ 등으로 교과목 명칭이 다를 경우, 보육실습기관과 실습 기간의 조건을 충족한 경우에는 보육실습으로 인정한다(보건복지부, 한국보육진흥원, 2017, p. 12). 또한, 대학 등 양성기관의 학사운영 상황에 따라 보육실습 교과목은 3학점을 기준으로 학기를 분리하여 개설, 운영할 수 있다. 한편, 보육실습은 보육실무 영역 중 하나의 교과목이므로 최소 2학점 이상으로 이수하여 보육실무 영역의 이수학점 기준인 2과목 6학점을 충족해야만 하고, 실습기관에서 받은 평가 점수가 80점(B학점) 이상이어야만 이수한 것으로 인정된다.

보육실습 교과목은 6주간의 현장실습과 현장실습 이전이나 이후에 이론 수업을 함께 진행해야만 한다. 이를 위해 보건복지부와 한국보육진흥원(2017, pp. 6-8)에서는 보육실습 교과목에서 다루어야 할 내용을 다음과 같이 제시하였다.

첫째, 보육실습을 위한 준비사항으로 보육실습의 목적과 의의, 법적 기준, 보육실습생의 자세와 역할, 보육실습을 위한 사전 기관 방문 및 오리엔테이션 등을 포함해야 한다. 이를 위해 보육실습생은 실습기관을 사전에 방문하여 해당 어린이집의 현황과 기관의 운영방침과 원장의 기관 운영철학, 실습지도교사의 수업 운영 방법과 실내외 환경, 일과 운영, 영유아의 이름, 실습 기간 동안의 주제 등을 미리 숙지하는 것이 필요하다.

둘째, 보육실습을 위한 기초 내용으로 표준보육과정과 누리과정의 영역과 내용범주, 내용과 세부내용, 어린이집 보육계획안에 대한 다양한 사례를 통한 보육실습일지와 보육활동계획안 작성 방법, 일화기록 작성 방법 등이 포함되도록 한다. 유아교육과에서는 3~5세아를 위한 누리과정을 중심으로 하는 내용의 수업을 주로 하기 때문에 0~2세 영아반에 대한 교육 기회가 부족하다. 그러므로 유아교육과에 재학 중인 보육실습생은 보육실습 전에 0~2세 표준보육과정의 이해와 어린이집의 일과 운영에 대한 동영상 등을 통해 영아에 대한 이해를 도모하기 위한 충분한 기회를 가질 필요가 있다.

셋째, 보육실습 후 실습에 대한 자기평가와 분석을 통해 영유아 보육에 대한 실천적 관점을 형성할 수 있도록 한다. 이를 위해 보육실습 후 동료 실습생의 실습 경험을 공유함으로써 향후 보다 발전적인 보육교사 역할을 탐색할 수 있도록 대학 등의 양성기관과 실습 기관에서는 실습평가회 등의 다양한 기회를 갖는다. 이를 위해 보육실습 후 교수와 학생이 함께 보육실습 교과목 시간에 다음과 같은 내용을 공유할 수 있다.

- 동료 실습생과 실습 관련 내용에 대해 토론하기
- 작성한 보육실습 일지에 대해 읽고 조언해주기
- 실습 기간 동안의 보육교사 역할에 대해 토론하기
- 실습 기간 동안의 일과와 활동 내용에 대해 이야기나누기

(4) 보육실습생 등록 · 관리

보육실습 전 보육실습생과 실습지도교사는 '어린이집지원시스템'에 등록해야만 한다. 보육실습 종료 후 실습 기관은 자동 연동된 보육실습생과 실습지도교사의 정보를 통해 보육실습확인서를 출력하여 어린이집 직인을 날인한 후 별도의 첨부 서류 없이 대학 등 양성기관으로 송부한다. 단, 교육과정과 방과후 과정을 운영하는 유치원에서 보육실습을 한 경우에는 유치원 인가증 사본, 실습지도교사 사본, 실습지도교사 1인당 3명 이내 보육실습생 지도 확인서를 첨부하여 제출해야 한다. 이후 해

당 자료는 자격취득을 위한 '자격관리시스템'으로 전송된다.

| 표 2-3 | 보육실습 법적 기준

구분	내용	비고
교과목 운영	이론 수업과 보육 현장실습으로 운영	15주 이상 실시
실습 기간	6주 240시간	2회 분할 실습 가능
실습 기관	정원 15명 이상 어린이집 교육과정과 방과후 과정을 운영하는 유치원	평가제를 통과한 어린이집
실습지도 교사	보육교사 1급, 유치원 정교사 1급	실습지도교사 1인당 보육실습생 3명 이내 지도
실습 인정 시간	6주 240시간, 일당 8시간 월~금요일 오전 9시~오후 7시 사이	초과 시 일당 8시간만 인정
실습 평가	보육실습일지, 실습평가회	대학 등 양성기관은 평가점수 80점 이상
실습 확인	어린이집지원시스템에서 확인서 출력	어린이집, 해당 학과, 교육훈련시설 직인 날인

참고 **보육실습생과 실습지도교사 등록 및 보육실습확인서 제출 방법**

1. 보육실습생 등록

- 어린이집지원시스템 → [교육관리] → [보육실습생 관리] → [등록] 클릭 → 실습이수자(보육실습생) 기본사항, 실습 기간 입력 → [저장] 클릭(보육실습생 정보 저장 완료)
- 실습이수자 기본사항과 실습 기간을 입력, 완료해야만 실습지도교사 관련 사항 입력 가능
- 보육실습을 2회로 나누어 실시한 경우에는 보육실습생 등록을 2회 실시함
- 보육실습생 등록과 수정은 실습종료일 이후 2개월 이내만 가능함

2. 실습지도교사 등록

- 실습지도교사 성명과 자격종류(자동연동) 선택 후 자격번호 입력 → [저장] 클릭

(보육실습생과 실습지도교사 정보 저장 완료)

- 보육실습생이 1명 이상일 경우에는 [추가] 클릭하여 모든 보육실습생 명단을 각각 입력함

3. 보육실습확인서 제출

- 어린이집지원시스템 → [교육관리] 클릭 → [보육실습생관리] 클릭 → 대상자 조회[선택] → [제출] 클릭 → [확인] 클릭(제출 완료)
- 보육실습을 2회로 나누어 실시한 경우에는 보육실습확인서를 2회 제출함
- 보육실습확인서 제출 후 보육실습생 정보는 '미제출'에서 '제출'로 변경됨
- 제출한 자료는 '자격관리시스템'으로 전송되므로 제출 이후에는 수정이 불가함

〈출처〉 보건복지부, 한국보육진흥원(2017). **양성교육기관에서의 보육실습지도**, p. 14.

03
CHAPTER

보육실습 계획

3 CHAPTER

보육실습 계획

1. 보육실습 준비

보육실습을 위해 대학 등 양성기관은 실습 시기를 결정하고 실습 기관을 선정해야 한다. 이후 대학 등 양성기관은 실습 기관에 공문을 발송하고 보육실습생을 대상으로 실습 사전교육을 실시하는 등의 관련 활동을 준비하고 실시한다. 실습과 관련하여 준비해야 할 것은 〈표 3-1〉에 제시한 바와 같다.

표 3-1 보육실습 관련 서류와 자료

대학 등 양성기관	보육실습생
• 보육실습 신청서 • 보육실습 협조공문 • 보육실습 동의서 • 보육실습생 신상카드 • 보육실습생 서약서 • 보육실습생 자기소개서(필요시) • 보육실습 확인서* • 보육실습 평가서 • 보육실습비 영수증 • 보육실습 일지	• 보육실습생 신상카드 • 보육실습생 서약서 • 보육실습생 자기소개서(필요시) • 보육실습확인서 양식 • 보육실습비 영수증 양식 • 보육실습평가서 양식 • 보건소의 전염성 질환에 대한 건강진단 결과서(구 보건증) • 보육실습생 상해보험 가입(권장사항) • 성범죄 경력 조회 및 아동학대 관련 범죄 전력 조회 안내

*주: 어린이집지원시스템을 통하여 보육실습확인서를 제출한 경우 첨부서류를 제출하지 않아도 됨.

〈출처〉 보건복지부, 한국보육진흥원(2017). **양성교육기관에서의 보육실습일지**, p. 17.

대학 등 양성기관은 보육실습을 위한 기관을 섭외하여 결정하는 것이 무엇보다 중요하다. 보육실습기관은 대학 등 양성기관이 사전에 협약한 기관으로 선정하기도 하지만 보육실습생이 개별적으로 자신에게 적합한 기관을 선정한 후 대학 등 양성기관에 알린 후 최종적으로 결정하기도 한다.

대학 등 양성기관은 보육실습을 실시하기 전에 실습과 관련한 오리엔테이션을 실시한다. 보육실습 오리엔테이션에서는 보육실습생으로서의 자세와 역할, 필요한 서류, 보육실습 준비물(이름표, 여벌 옷, 실내화 혹은 덧신, 실외놀이용 신발 등), 보육실습기관의 사전 방문, 보육실습일지, 보육실습생으로서 지켜야 할 윤리규정 등에 대해 안내한다. 보육실습생은 보육실습기관에 제출해야 할 서류(〈표 3-2〉 참조)를 확인한 후 보육실습 전에 실습할 어린이집에 제출해야 한다.

| 표 3-2 | 보육실습생 제출 서류

서류	내용
보육실습생 신상카드 보육실습생 서약서 보육실습생 자기소개서(필요시)	보육실습생이 대학 등 양성기관에서 양식을 받아 직접 작성한 후 어린이집에 제출함
건강진단 결과서 (구 보건증)	보육실습생이 보건소에서 건강진단 후 결과서를 어린이집에 제출함
보육실습비 영수증 보육실습확인서 보육실습평가서	공인된 보육실습확인서와 보육실습평가서 양식이어야 하며, 보육실습평가서는 인봉하여 대학 등 양성기관으로 송부하거나, 보육실습생이 인봉된 서류를 전달받아 대학 등 양성기관으로 제출 가능함
보육실습 일지	대학 등 양성기관에서 양식을 받아 보육실습 후 대학 등 양성기관에 제출함

〈출처〉 보건복지부, 한국보육진흥원(2017). **양성교육기관에서의 보육실습일지**, p. 25.

2. 교육기관의 역할

대학 등 양성기관에서는 보육실습 전 보육실습생을 대상으로 사전교육을 실시한다. 사전교육에서는 실습에 관한 전반적인 내용을 안내하면서 보육실습생이 제출해야 하는 각종 서류와 보육실습생으로서 지녀야 할 태도와 역할, 주의 사항 등에 대해 알려준다.

1) 보육실습 유형

보육실습은 대학 등 양성기관에서 배운 이론과 실제를 실습기관인 어린이집에 참여하여 보육과정과 관련한 다양한 활동과 역할을 체험해보는 기회를 갖는 것이다. 이는 보육교사 자격증 취득을 위한 필수과정으로서 보육교사가 되기 위한 총체적 과정이다. 보육실습은 대개 사전 보육실습, 정규 보육실습, 사후(추후) 보육실습과 같은 일련의 과정으로 진행된다.

(1) 사전 보육실습

사전 보육실습은 정규실습 이전에 짧은 기간 동안 보육현장을 둘러보거나 실습기관에서 직접 영유아와 상호작용해보는 경험을 갖는 과정이다. 이는 정규실습을 준비하는 기간인 동시에 보육현장을 이해하는 첫 경험이기도 하다(이선경, 이은정, 2007, p. 17).

보육실습생은 보육실습을 시작하기 전에 실습기관을 방문하여 보육기관의 실내외 환경, 영유아와의 상호작용을 통한 보육 활동, 실습지도교사와의 친밀감 형성, 실습지도교사의 교수-학습방법 등과 같이 어린이집에서 행해지는 다양한 활동을 관찰하는 기회를 가질 수 있다. 또한, 사전 보육실습 기간 동안 보육실습생은 실습 시 주의해야 할 사항이나 기관의 운영방침 등에 대해 원장이나 실습지도교사로부터 사전 안내를 받을 수 있다.

사전 보육실습은 실습기관의 운영방침이나 철학에 따라 정규 보육실습 이전에 일회성이거나 단기적으로 보조교사의 역할을 하거나 간단한 활동을 진행해보기도 하고, 일회성의 사전 기관 방문 등의 다양한 형태로 실시된다. 사전 보육실습은 이전에 경험해보지 못한 보육현장을 미리 경험해보는 기회를 가질 수 있어 성공적인 보육실습을 수행하는 데 도움이 된다. 보육실습생이 사전 보육실습을 통해 알아두어야 할 사항은 다음과 같다(박은혜, 2018, p. 156; 보건복지부, 한국보육진흥원, 2017, p. 24; 임부연, 김성숙, 송진영, 2018, p. 77).

- 실습기관의 보육철학과 프로그램 운영방침
- 실습기관의 위치와 환경(보육기관 시설 현황, 보육교사 수, 영유아 수 등)
- 실습기관의 보육프로그램과 보육실습을 하게 될 반의 특성(연령, 인원수, 성비, 영유아의 특징과 이름, 일과, 생활주제 등)
- 보육실습 기간 중의 행사 일정
- 보육실습을 하게 될 반의 일과, 보육교사의 보육 활동 수행, 교재와 교구, 생활주제, 비품 관리 등
- 보육실습할 학급의 보조교사로서의 역할 수행, 실습지도교사의 보육 활동에 필요한 교재 제작 도움, 영유아가 활동할 교구 제작, 학급의 환경구성 등
- 실습기관의 보육실습생 준수사항, 유의사항

- 보육실습에 필요한 준비물
- 실습기관의 위치, 거리, 교통편

(2) 정규 보육실습

정규 보육실습은 보육실습생이 직접 보육실 내 활동에 참여하여 대학 등 양성기관에서 배운 이론과 실제를 접목하여 경험해봄으로써 보육교사가 되기 위한 직무 수행을 전체적으로 경험해보는 과정이다. 그러므로 보육실습생은 영유아와 직접 상호작용하고, 실습지도교사의 활동을 관찰하기도 하며, 스스로 수업을 계획하여 운영해보는 기회를 가짐으로써 보육교사로서의 직무를 수행해보는 경험을 한다. 보육실습 내용은 실습기관에 따라 차이가 있지만 대체로 다음과 같은 활동이 이루어진다(임부연 외, 2018, pp. 78, 103).

- 보육계획안을 작성하기 위해 보육과정에 대해 이해하고, 적절한 교재에 대한 연구와 영유아의 발달 수준을 파악한다.
- 수업 계획에 따른 수업 운영을 위해 효과적인 교재와 교구를 준비한다.
- 실제 수업을 위한 보육계획안을 작성하여 실습지도교사의 조언에 따라 직접 수업한다.
- 보육실습일지를 작성한다.
- 보육실습 중 부분수업, 연계수업, 종일수업 등을 진행한다.
- 수업에 필요한 보육계획안 작성, 관찰 일지 작성, 교재·교구의 준비, 수업 평가 등의 활동을 한다.
- 실습 기간에 따라 다양한 보육 활동을 경험한다. 실습 1주에는 보육환경과 일과, 보육 활동, 학급 운영을 관찰하며 보육기관의 업무를

파악한다. 실습 2주에는 다양한 보육 활동에 보조교사로서 참여한다. 실습 3주부터 6주까지는 보육 활동을 계획하고 수행하며 평가한다.

① 관찰실습

관찰실습을 통해 보육실습생은 실습기관의 인적, 물적 환경에 대한 실태와 구조 파악, 실습 기관의 철학, 영유아에 대한 이해를 도모할 수 있다. 관찰실습 기간 동안 보육실습생은 직접 수업에 참여하지 않고 보육교사로서의 역할에 필요한 기초 지식을 습득하면서 영유아의 생활과 보육교사 역할에 대한 이해와 물리적 환경을 관찰한다.

보육실습생은 영유아에 대한 이해와 교사 역할에 대한 이해를 도모하기 위해 최선의 노력을 기울여야 한다. 먼저 영유아에 대한 이해를 도모하기 위해 보육실습생은 영유아의 발달과 행동 특징, 학습 태도와 능력, 영유아들 간 상호작용의 양과 질을 이해하도록 노력한다. 다음으로 보육교사 역할에 대한 이해를 도모하기 위해 보육실습생은 보육교사의 수업 계획, 교수-학습 활동, 학급 운영, 영유아의 관찰과 평가 및 상호작용 방법과 내용, 급·간식 운영, 기본생활 습관 지도, 교재·교구와 자료 준비 및 관리, 비품 관리 등을 이해한다. 또한, 보육실습생은 실습 기관의 물리적 환경구성과 교재·교구의 활용 방법 등에 대해서도 알아본다.

② 참여실습

참여실습은 보육실습생이 실제로 수업 활동을 계획하고 수행해보는 과정이다. 보육실습생이 수업을 계획하고 수행하는 정도에 따라 부분수업, 연계수업, 종일수업으로 진행된다(박은혜, 2018, p. 158). 부분수업은 보육실습생이 일과 중 한 가지 활동을 계획하여 수행하는 것이다. 연계 수업은 보육실습생이 일과 중 연속하여 진행되는 두 가지 활동을 준비하여 수행하는 것이다. 종일수업은 보육실습생이 일과를 모두 책임지고 계획하여 수행하는 것이다.

참여실습은 보육실습의 가장 핵심적인 과정이다. 이를 위해 보육실습생은 실제로 해야 할 수업에 대해 실습지도교사와 협의하고 지도를 받으면서 보육교사로서의 책임감을 가지고 주체적으로 계획한 활동을 진행하기 위한 보육활동계획안을 작성한다. 보육활동계획안을 작성하기 위해 보육실습생은 주제와 관련한 보육과정 분석, 교재 연구, 영유아의 선행 학습 수준 파악, 실습 기관의 시설과 교구 상태 등을 파악해야 한다. 그런 후 보육실습생은 학습 목표, 보육 활동 내용, 진행 과정, 준비물, 유의 사항, 평가가 반영된 보육활동계획안을 작성하여 실습지도교사의 확인을 거쳐 교수 매체를 준비하고 제작하여 수업을 실행한다. 수업을 실시할 때는 보육활동계획안대로 진행되지 못할 다양한 상황이 발생할 수 있으므로 보육실습생은 이런 상황에 대처할 수 있는 방안도 마련해둘 필요가 있다. 수업을 마치면 보육실습생은 진행한 수업에 대해 평가한다. 평가는 영유아의 이해 정도에 따라 이루어지는데 보육실습생은 자신의 교수-학습방법의 적절성에만 초점을 맞추기보다는 계획했던 학습 목표를 얼마나 달성했는지에 대해서도 평가해야 한다. 보육실습생이 진행한 수업을 평가할 때 고려해야 할 기준은 다음과 같다(박은혜, 2018, p. 161; 이선경, 이은정, 2007, pp. 31-32).

- 도달해야 할 학습 목표를 성취했는가?
- 영유아의 선행 학습 내용과 다음 주제와의 연계 및 주제에 적합한

수업계획안을 계획했는가?
- 영유아의 흥미나 관심, 능력, 행동 특징을 파악하고, 학습 동기를 유발하면서 능동적인 참여를 유도했는가?
- 수업과 관련한 교재와 교구를 사전에 꼼꼼하게 점검하고, 교수매체는 적절하게 사용하였는가?
- 질문은 적절했는가?
- 영유아의 예상치 못한 반응에 당황하지 않고 침착하고 융통성 있게 대처하면서 수업을 진행했는가?
- 상황에 따라 수업 과정을 융통성 있게 운영하였는가?
- 학습 목표의 달성 여부를 확인하기 위해 적절하게 평가하였는가?
- 영유아 평가와 실습지도교사의 수업 활동에 대한 평가도 실시하였는가?
- 수업 계획은 실습지도교사와 충분히 협의했는가?
- 보육실습생의 능력에 맞게 활동을 계획하여 진행했는가?

③ 실무실습

보육실습생은 보육실습 기간 동안 보육 활동을 통한 실습 외에 학급 운영 등과 관련한 다양한 실무와 관련한 실습도 경험할 수 있다. 보육기관은 영유아의 일상생활부터 보육과정과 기본생활습관 지도 외에 보육기관을 운영하는데 필요한 다양한 서류 작업 등과 같은 일상적인 업무가 많다. 보육실습 기간 동안 보육실습생은 보육기관 내 보육교직원의 다양한 업무와 활동 등을 경험해볼 수 있다. 일반적으로 보육교직원이 보육기관에서 담당하는 업무를 살펴보면 〈표 3-3〉에 제시한 바와 같다.

표 3-3 보육교직원의 직무별 업무 내용

업무	주임교사	보육교사	사무원	조리원
매일	• 보육실 운영(담임 보육교사 역할) • 어린이집 돌아보기(시설점검과 전달사항)	• 보육프로그램 진행과 일지 기록 • 일일보고서 작성, 투약 등 • 놀이, 활동 준비 • 보육실 청소(보육실, 화장실, 담당구역, 로비 등) • 출석부 관리, 영유아 생활습관 관리	• 보육정보 관리 • 입소 상담(전화, 방문자) • 은행 업무 • 사무실 청소 • 방문자 접대와 관리 • 장부 관리	• 간식과 중식 준비 • 부식 관리 • 공동구역과 담당구역 청소 • 주방 관리 • 위생 상태 점검 • 분리수거 • 청소도구 세탁과 관리
매주	• 주간 업무 일정 계획 • 원장 부재 시 회의 진행 • 공통문구 작성	• 놀이주제별 환경 세팅 • 놀이주제별 교구, 도서 교체 • 회의 참석, 기록과 점검 • 월간, 주간, 일일 보육계획안 작성 • 관찰일지 기록	• 식단구매의뢰서에 따른 부식 신청 • 거래처 결제	• 매주 부식 주문 • 조리실 청결 유지 • 조리대 등 청소
매월	• 업무와 작업관리(당직과 연차, 게시판, 부모교육 등)	• 영유아파일 점검(관찰일지, 건강검진 등) • 영유아포트폴리오 점검과 정리 • 행사계획(반별 행사, 견학, 소풍, 생일 등) • 지난 놀이주제 관련 자료 정리(교재·교구, 도서, 활동사진 정리) • 일일보고서 월별 정리	• 예·결산서 작성 • 회계시스템 관리 • 증빙서철 • 장부 정리 • 영유아 현황 체크 • 보험명단 변경 • 출근부, 출석부 • 공과금 납부 • 시보조금 신청 • 급여 지급	• 식단 관리

기타	• 원장 부재 시 외부 방문자 접대 • 입소 상담 • 견학 안내 • 실습, 참관생 지도 • 행사, 공동작업 계획 등 진행과 평가	• 서류정리와 관리, 업무 점검(결과 보고서 작성) • 당직 업무 • 어린이집 대청소 • 게시판 환경구성 • 보육교사 교육 일정에 따른 연구	• 퇴사 · 입사 관리 • 각종 보험 관리 • 우편물 관리와 공문 수신 · 발신 관리 • 비품 관리 • 전자제품 A/S 관리 • 각종 서류 관리	• 실외놀이터 관리

〈출처〉 성남시육아종합지원센터(2021). **성남시 보육교직원 인성교육**, p. 84.

(3) 사후 보육실습

사후 보육실습은 추후 보육실습이라고도 하는데 이는 보육실습을 실시한 기관의 요구나 대학 등 양성기관의 보육실습 운영방침에 따라 정규 보육실습 이후에 실시하는 현장 경험이다. 이는 정기적으로 현장에 나가 보조교사의 역할을 수행하거나 부분 수업을 진행하면서 정규 보육실습 과정을 심화하거나 내용을 추가하는 보완적인 성격을 지닌다(박은혜, 2018, p. 157; 이선경, 이은정, 2007, p. 33). 사후 보육실습은 보육실습 평가와 무관하게 진행될 수 있으며, 대개 실습기관과 보육실습생의 의사에 따라 자율적으로 진행되는데 그 기간이나 방법은 상호 협의한다. 사후 보육실습은 보육교사로서 수행할 수 있는 보다 다양한 역할을 이해하는 데 도움이 되며, 때로 취업으로 연결되기도 한다.

2) 보육실습생이 경험한 실습 단계

보육실습생은 실습기간 동안 다양한 인간관계를 통해 심리적 갈등을 경험하고 이를 극복하면서 보육교사로서의 역할을 이해하는 등의 과정을 통해 보육교사로서 발달해나간다. 이러한 발달과정에 대해 박은혜

(2018, pp. 169-171)는 여러 학자의 연구결과를 요약하여 다섯 단계로 제시하였다.

첫째 단계는 보육실습을 앞두고 실습 과정에 대한 불확실성으로 기대와 두려움을 동시에 느낀다.

둘째 단계는 보육실습생은 한편으로는 학생이고, 다른 한편으로는 보육교사로서의 역할을 수행해야 하므로 학생에서 보육교사로의 역할 전환에 따른 어려움에 대처해야 하고, 학급에서의 자신의 입지를 구축하는 데 관심을 가진다.

셋째 단계는 보육교사의 역할을 분담하여 수행하면서 이를 부분적으로 맛보는 시기로서 보육실습이 진행되면서 보육교사로서의 사회화가 이루어진다. 이 단계에서 보육교사로서의 역할 수행을 잘하게 되면 유능감이 생기지만 그렇지 못하면 자신의 능력에 의심을 가질 수도 있다.

넷째 단계는 보육교사로 홀로서기로서 실습기간 동안 전적으로 학급을 운영하면서 보육교사로서의 책임감을 느끼고 보육 방법에 관심을 갖기 시작한다. 이를 통해 보육실습생은 자신의 수업에 대해 분석하고 일반화하는 데 관심을 갖는다. 비록 하루나 이틀 정도의 짧은 전일수업을 운영해보는 경험을 하는 것이지만 이때 학급의 책임자로서 그 역할을 성공적으로 수행하는지의 여부에 따라 보육교사로서의 정체성과 적성을 판단할 수 있다.

다섯째 단계는 동료교사로 인정받기로서 이전 단계를 성공적으로 마치면 보육교사로서의 정체성을 확인하면서 보육에 대한 확신을 갖는다.

3. 보육실습생과 실습지도교사의 역할

1) 보육실습생

보육실습생은 실습하면서 가르치는 것과 배우는 것을 동시에 경험한다. 이를 통해 보육실습생은 영유아뿐만 아니라, 실습지도교사와도 인지적, 사회적, 정서적 상호작용을 경험한다. 보육실습생은 낯선 실습기관에서의 생소한 역할을 수행하면서 긴장과 설렘의 두 가지 상반된 정서를 통해 걱정과 안심, 실망과 자신감 등의 양면적이고 다양한 정서를 경험할 수 있다(조부경, 백은주, 고영미, 2018, p. 235).

(1) 보육실습생의 어려움

보육실습생은 실습을 통해 보육교사가 되기 위한 필수과정을 거치면서 여러 가지 어려움을 경험한다(조부경, 백은주, 고영미, 2018, pp. 235-236).

- 학생과 보육교사라는 낯선 역할에 대한 모호성의 어려움이 있다. 이로 인해 보육실습생은 실습기간 동안 막연한 불안감과 초조감, 두려움을 갖게 되어 자신감 부족을 경험할 수 있다.
- 수업 준비 시간이 부족하여 불충분한 상태에서 수업을 해야 하는 심리적 부담감으로 인한 어려움이 있다.
- 실습지도교사와의 갈등과 부적절한 역할 수행으로 인한 어려움이 있다.
- 영유아와의 원활하지 못한 상호작용으로 인한 어려움이 있다.
- 동료 보육실습생과의 경쟁의식으로 협조나 업무 분담이 잘 안 되는

것으로 인한 어려움이 있다.

(2) 보육실습생의 관심사 단계

보육실습 기간 동안 보육실습생은 자신과 보육교사로서의 역할 수행과 관련한 관심사가 발달해나간다. 보육실습 전의 흥분과 불안 등에 대한 것이 실습기간 동안의 실습 경험을 통해 보육교사로서의 정체감 형성으로 발달해나간다. 보육실습 전과 후의 발달과정에 대해 임승렬과 조경희(1999), Cohn과 Gellman(1988), Wade(1997) 등은 다음과 같은 단계를 제시하였다.

	Wade(1997)	Cohn & Gellman (1988)	임승렬, 조경희 (1999)
보육실습 전			보육실습 이전
	자신에 대한 관심	초기 흥분과 변화의 어려움에 대처하고 자신의 입지에 대한 관심을 갖는 단계	흥분, 불안, 생존 관심사 단계
↓	교수에 대한 관심	교수 기술에 관심을 갖고 대안을 모색하는 단계	학급 운영, 교수 기술 관심 단계
보육실습 후	영유아의 학습과 행동에 대한 관심	교수계획, 분석, 반성에 관심을 갖는 단계	교수 기술의 만족, 반성적 교수 활동 평가 단계

그림 3-1 보육실습생의 관심사 단계

〈출처〉 조부경, 백은주, 고영미(2018). **유아교사론**, p. 237.

(3) 보육실습생의 발달단계

보육실습생은 보육실습이 일련의 발달단계가 있어 실습을 통해 보다 높은 보육교사 역할 수준으로 발달해 나간다는 것을 인식할 필요가 있다. 효과적인 보육실습을 위해 보육실습생의 발달단계를 Caruso(2000)는 6단계(윤은경, 이미나, 김형수, 2021, pp. 217-219, 재인용)로, Pilland(1993)는 4단계(조부경, 백은주, 고영미, 2018, p. 238, 재인용)로 설명하였다. Caruso (2000)의 6단계는 다음과 같다.

1단계는 '불안과 기대'로서 보육실습생은 실습지도교사와 영유아가 자신을 좋아하고 수용해줄지에 대해 걱정하면서 자신에 대한 높은 기대와 함께 실습을 잘 할 수 있을지에 대해 염려한다.

2단계는 '혼돈과 명료'로서 보육실습생은 다양한 활동과 일과, 영유아와의 상호작용으로 혼란스러워한다. 이 단계에서 보육실습생은 제한된 보육교사 역할 수행이지만 점차 담당 학급과 보육실습생의 역할을 이해하기 시작한다.

3단계는 '유능함과 능력 부족'으로 보육실습생은 정규 보육실습 중 부분수업, 연계수업 등을 진행하면서 조금씩 자신감을 얻게 된다. 그러나 보육실습생은 지식이 많고 자신 있게 보육 활동을 전개하는 실습지도교사와 비교하면서 자신의 능력 부족을 느끼기도 한다.

4단계는 '새로운 인지와 되찾은 의구심'으로서 보육실습생은 보육교사가 되기 위해 중요한 도약을 하거나 보육교사로서의 진로 방향에 대해 의구심을 갖는다. 그러나 보육실습생은 부분수업, 연계수업, 종일수업 등을 진행하면서 안정감이 증대되고, 자신에 대한 반성적 사고를 통해 보육교사로서의 역할 수행에 대해 객관적으로 분석하며 직면한 문제를 해결하려고 노력한다.

5단계는 '자신감 상승과 능력 부족'을 실감하며 보육실습생은 좀 더 융통성 있는 수업 진행과 학급 운영을 할 수 있게 된다. 이를 통해 보육실습생은 온전히 학급을 책임지는 순간을 소중히 여기며, 자신만의 수업방식을 계발하기 시작한다. 반면, 보육실습생은 온전히 수행하지 못한 수업이나 학급 운영의 문제에 직면하거나 동료 보육실습생과의 비교 등으로 자신의 능력에 대해 부족함을 느끼고 자신감을 상실하기도 한다.

6단계는 '상실감, 성취감과 안도감'으로 실습을 종료하면서 완성도에 대한 아쉬움, 영유아와의 헤어짐 등으로 상실감을 느끼기도 한다. 또한, 보육실습생은 바라던 만큼 성공적이지는 않지만 실습을 종료한 것에 대해 안도감을 느낀다.

한편, Pilland(1993)는 보육실습에 대한 불안과 두려움 단계에서 신뢰감과 안정감을 형성하는 사회화 단계로, 이후 영유아 지도, 수업 계획, 학급 운영에 책임지는 자율성 단계로 발달하고, 최종적으로 영유아의 지지를 중시하는 확신의 단계로 발달해나간다고 설명하였다(조부경, 백은주, 고영미, 2018, p. 238).

(4) 보육실습생의 역할

실습기관이 결정되고 난 후 보육실습생은 실습기관의 보육철학과 보육신념, 보육목적과 보육방침을 이해해야 한다. 이를 위해 보육실습생은 실습기관의 제반 규정을 준수하고, 보육실습생으로서의 역할과 자세를 숙지해야 한다. 또한, 보육실습생은 정규 보육실습을 하기 전에 미리 실습기관을 방문하여 원장과 실습지도교사를 만나 자신을 알리는 기회를 갖는다. 이를 위해 보육실습생은 기관 방문 전 전화 등을 이용하여 사전에 방문할 날짜를 정한 후 보육실습 기관을 방문한다. 사전에 실습기관을 방문할 때 보육실습생은 자기소개서를 작성하여 가지고 가는 것도 자신을 소개하는 데 도움이 된다.

참고 1 전화로 사전 방문 약속 정하기

"안녕하세요?
이번에 OO어린이집에서 실습하게 된 △△대학교 유아교육과(보육과) ◇◇◇입니다.
(여러 명이 실습하는 경우에는 O명의 친구가 더 있다는 것을 알릴 수도 있다.)
보육실습을 하기 전에 먼저 어린이집을 방문하여 원장님과 실습지도선생님께 인사를 드리고 실습할 때 유의해야 할 사항 등에 대해 알고자 방문을 하려고 합니다. 언제 찾아뵙는 것이 좋을까요?
(기관에서 먼저 언제가 좋은지 묻는다면 보육실습생은 미리 생각해둔 날짜와 요일, 시간 등을 알린다.)
감사합니다. O요일 O시에 찾아뵙겠습니다.
방문할 때 제가 가지고 가야 할 서류나 자료가 있을까요? 있다면 준비하여 가도록 하겠습니다.
(기관에서 필요한 서류 등에 대한 안내가 있다면) 말씀해주신 서류를 준비하여 O요일 O시에 찾아뵙겠습니다.
감사합니다. 안녕히 계세요."

참고 2 보육실습생 자기소개서 예시

이름	
생년월일	
학교명과 학과명	
전화번호(H.P.)	
이메일	
대학에서의 실습 관련 경험	
실습기관에서 배우고 싶은 것	
특기	
영유아와의 경험	

〈출처〉 박은혜(2018). **유아교사론**. pp. 152-153.

보육실습생으로서 수행해야 할 역할은 다음과 같다(보건복지부, 한국보육진흥원, 2017, p. 26).

- 실습기관 환경과 보육환경 구성 관찰
- 보육 일과와 활동 참여
- 영유아 행동과 활동 관찰
- 보육실습일지 작성, 실습지도교사의 조언 듣기, 매일의 자기평가
- 예비보육교사로서의 역할 수행
- 보육활동계획안 작성
- 영역별 보육활동, 반일(일일)보육활동 등의 보육활동 계획과 실행
- 보육실습기관의 가정 간 연계 프로그램이나 행사 참여
- 보육실 청결 관리와 정리 정돈

(5) 보육실습생의 근무태도

보육실습생은 보육실습 기간 동안 출퇴근 시간을 엄수하고, 공손한 태도를 보여 보육실습생으로서의 올바른 자세를 취해야 한다. 이를 위해 보육실습생이 지켜야 할 근무태도는 다음과 같다(박은혜, 2018, pp. 154-155; 보건복지부, 한국보육진흥원, 2017, pp. 26-27).

- 보육실습 기간 동안 예비보육교사로서의 품위를 지키고, 영유아에게 본보기가 되도록 언행에 주의하며, 자신이 맡은 일에 최선을 다한다.
- 보육실습생은 실습기관의 출근과 퇴근 시간 규정에 따라 정해진 시간에 출근하여 출근부에 날인하고, 퇴근 시 실습지도교사와 원장의

허락을 받는다. 또한, 무단결근, 지각, 외출이나 조퇴를 하지 않도록 하고, 부득이한 사정이 있는 경우에는 사전에 실습기관의 허락을 받는다. 결근한 경우에는 보육실습 총 시간과 일수를 맞추어야 한다.

- 모든 회의와 활동 관련 시간을 엄수하고, 실습 기간 중 실습기관의 지시 사항을 따른다.
- 보육실습일지를 충실하게 작성하며, 실습지도교사의 조언을 듣는다.
- 보육활동 전에 실습지도교사에게 보육활동계획안(영역별 보육활동, 반일 보육활동 또는 일일 보육활동)을 제출하여 지도를 받은 후 보육활동에 임한다.
- 실습기관의 운영방침을 이해하고 협력하는 태도로 규칙을 엄수하며, 영유아의 일상 생활지도는 해당 실습기관의 지침을 따른다.
- 실습기관의 공적인 서류나 장부를 참고할 때는 실습지도교사의 사전 승인을 얻으며, 참고 후에는 바로 반환하고 외부에 유출하지 않는다.
- 해당 실습기관으로부터 영유아의 안전사고 예방에 대한 사전교육 내용을 숙지한다.
- 실습기관의 비품과 기자재 사용 시 실습지도교사와 담당자의 허락을 받고 사용 방법에 유의하여 사용 후 반납하며, 시설물이나 자료를 아껴 쓰고 반드시 제자리에 정돈해 둔다.
- 보육 활동에 필요한 교재·교구를 제작할 때는 반드시 실습지도교사와 사전에 협의한 후 제작한다.
- 보육실습 중 응급상황이 발생했을 때는 즉시 실습지도교사에게 알리고 지도를 받는다.
- 보육실습일지를 비롯하여 각종 제출물은 기일을 엄수하여 제출한다.

- 부모 질문 시 친절한 태도로 보육실습생임을 밝히고 실습지도교사에게 안내해야 하며, 보육실습생은 부모상담을 하지 않는다.
- 보육교직원, 영유아, 부모, 방문객에게 공손하게 인사하며 항상 밝고 친절한 모습으로 대한다. 또한, 실습하면서 알게 된 영유아의 특성, 가정 배경, 보육교직원이나 부모의 일신상 문제, 기타 실습기관의 문제를 외부에서 이야기하지 않는다.
- 단정한 복장을 하고, 흡연은 절대 금한다.
- 보육실습 중 휴대폰 사용을 금하고 보육실에서 휴대폰을 사용하지 않는다.
- 커피와 음료는 보육실 이외의 정해진 장소에서 음용한다.
- 동료 보육실습생들 간의 호칭은 '○○○ 선생님'으로 하고 보육실습생들 간 존대어를 사용하며 불필요한 이야기를 하지 않는다.
- 보육실습 기간 중 불만이나 갈등 상황이 발생했을 경우 실습기관의 규정과 절차에 따라 해결한다.
- 보육실습생은 매일의 일정을 실습지도교사와 상의하고 실습지도교사의 학급 운영방침을 최대한 존중한다. 이를 위해 학급에서 문제가 발생하면 보육실습생은 실습지도교사와 의논하여 해결책을 모색하고, 불평을 삼간다.

(6) 보육실습생의 복장과 언어 사용

보육실습생은 보육교사로서의 직업에 적절한 말과 태도, 복장을 갖춰야 한다. 하루 종일 영유아와 상호작용해야 하므로 보육실습생은 단정하면서 편안한 복장을 하는 것이 좋고, 지나치게 화려하거나 노출이 심한 복장은 피하고, 짙은 화장이나 화려한 장신구 등은 영유아의 안전을

참고 3 용모에 대한 체크리스트

※ 평소 자신의 모습과 가장 가까운 곳에 표시하시오.

내용		그렇지 않다	보통이다	항상 그렇다
머리	머리를 자주 빗어 단정하게 한다.			
	너무 요란한 파마를 하지 않는다.			
	원색적인 염색이나 여러 가지 색의 염색은 피한다.			
	앞머리를 길게 하여 눈을 가리지 않는다.			
얼굴	입 냄새가 나지 않게 주의한다.			
	가능한 한 자연색을 선택하여 엷은 화장을 한다.			
	진한 향이 나는 화장품이나 향수는 사용하지 않는다.			
손·팔	손톱을 짧고 깨끗하게 관리한다.			
	원색의 매니큐어를 바르지 않는다.			
	손이나 팔에 너무 많은 장신구를 부착하지 않는다.			
몸	몸에서 나쁜 냄새가 나지 않도록 한다.			
	사치스러운 장신구를 부착하지 않는다.			
	가슴이 많이 파인 옷은 피한다.			
	무릎 위로 올라가는 짧은 치마는 피한다.			
	단정하고 깨끗한 옷을 입는다.			
	속이 훤히 비치는 옷은 피한다.			
	속옷을 잘 갖추어 입는다.			
	계절, 목적, 장소에 적절한 옷을 입는다.			
팔·다리	발톱은 짧고 깨끗하게 관리한다.			
	맨발로 다니지 않는다..			
	스타킹은 커피색과 살색을 기본으로 한다.			
	반스타킹을 신었을 때 맨살이 보이지 않도록 주의한다.			
	굽이 너무 높고 뾰족한 신발을 신지 않는다.			
	구두는 자주 닦아 청결을 유지한다.			

〈출처〉 교육인적자원부(2001). **유치원 교사 교육 프로그램**; 박은혜(2018). **유아교사론**, pp. 153-154, 재인용.

고려하여 피한다. 또한, 보육실습생은 영유아의 안전과 위생을 위해 손톱은 짧게 깎고, 머리카락은 단정하게 묶거나 활동 시 방해가 되지 않도록 한다.

영유아와 상호작용하거나 이야기를 나눌 때 보육실습생은 분명한 발음으로 표준어를 사용하여 최대한 부드럽게 이야기하고, 비어나 속어 등을 사용하지 않고, 모든 보육교직원에게 존칭어를 사용하며, 영유아에게도 예의에 어긋난 언어를 사용하지 않도록 주의한다.

(7) 보육실습생의 발달 전략

보육실습생은 보육실습을 통해 교사로서의 전문성을 높이기 위해 대학 등 양성기관에서 배운 이론을 실제에 적용함으로써 다양한 보육교사 역할을 경험한다. 이를 통해 보육실습생은 대학 등의 양성기관에서 배운 이론을 실제에 적용함으로써 반성적 저널쓰기, 수업 분석, 협의하기 등의 반성적 사고를 통해 전문성을 향상시킬 수 있다. 보육실습생은 반성적 저널쓰기를 통해 자신의 보육관을 교수 실제에 반영할 수 있고, 자신의 보육신념이나 교수효능감과 인간관계에 긍정적 영향을 미칠 수도 있다. 그러므로 실습지도교사는 보육실습생의 반성적 사고를 촉진하기 위한 피드백을 제공해주는 것이 중요하다.

한편, 보육실습생은 효율적인 실습을 위해 보육실습 교과목 담당교수와의 지속적인 만남을 통해 실습을 지도받을 수도 있다. 이를 위해 고영미(2011)는 실습지도교수와 보육실습생 간의 효율적인 실습지도 방안으로 e-멘토링 실습지도 모형을 개발하여 제시하였다([그림 3-3] 참조). e-멘토링을 위해 보육실습생과 보육실습 담당교수는 신뢰와 존중을 바탕으로 수평적인 관계에서 협력적으로 상호작용한다. 이는 보육실습생

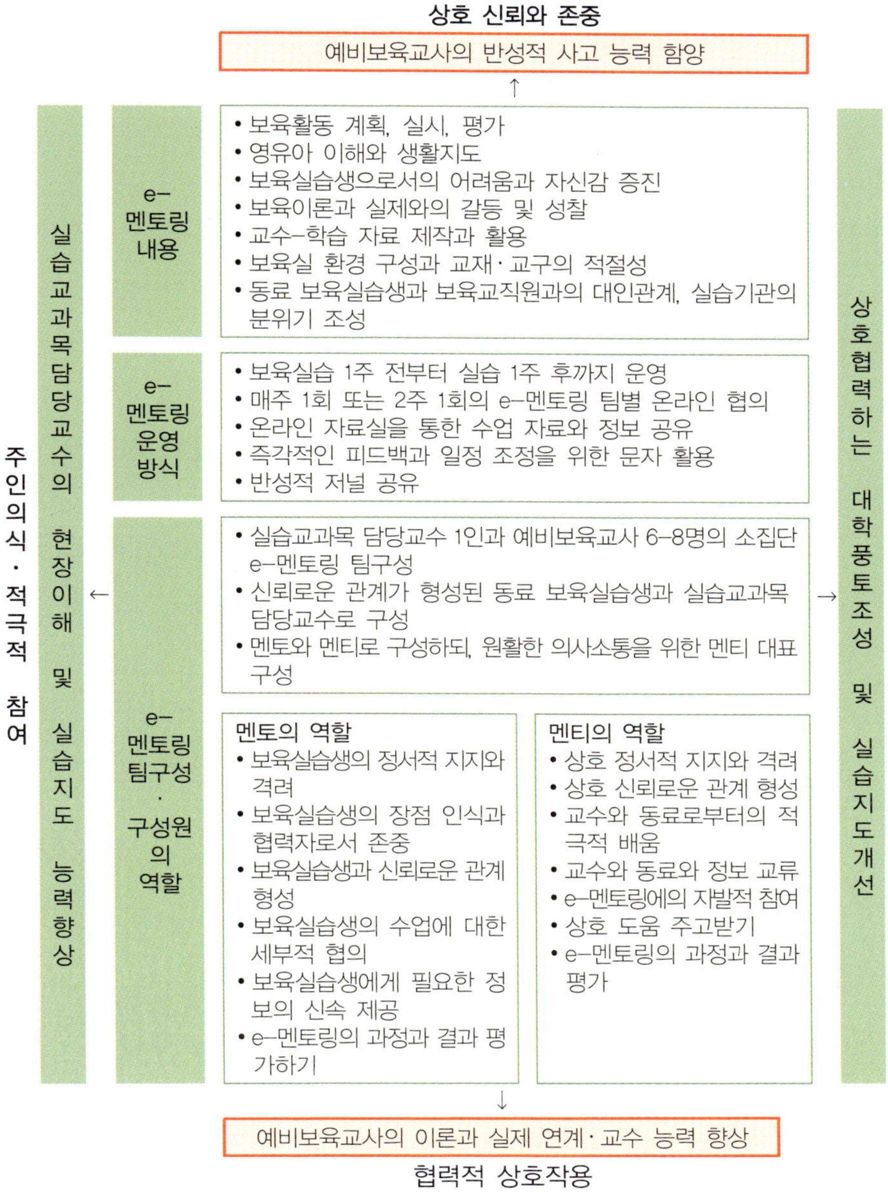

| 그림 3-2 | 실습지도를 위한 보육실습 담당교수와 보육실습생 간의 e-멘토링 모형

〈출처〉 조부경, 백은주, 고영미(2018). **유아교사론**. p. 247.

과 보육실습 담당교수의 전문성 발달을 도모하고 대학의 조직문화와 실습을 개선함으로써 효율적인 실습지도를 하는 데 도움이 된다.

한편, 보육실습 기간 중 보육실습생은 자신과 영유아뿐만 아니라, 동료 보육실습생, 실습지도교사, 실습기관 등과 다양한 갈등을 경험할 수 있다. 그러므로 보육실습생은 실습 기간 중 경험하는 갈등을 잘 해결하여 보육실습을 성공적으로 마칠 수 있도록 노력해야 한다(박은혜, 2018, pp. 171-172).

- 자신과의 갈등: 수업 준비 부족으로 인한 심적 부담, 이론과 실제의 차이로 인한 어려움, 업무 수행에서의 부족한 자신감
- 실습지도교사와의 갈등: 구체적 지도를 위한 협의 시간 부족, 수업 준비를 위한 자료 제공과 보육활동계획안에 대한 지도 부족, 실습지도교사의 수업 모델링 부족
- 영유아와의 갈등: 문제아 지도의 어려움, 영유아 통제 능력 부족, 훈육과 자율의 균형 유지의 어려움, 보육실습생의 권위에 대한 영유아의 불인정
- 기관과의 갈등: 수업 외 기관의 요구에 의한 교재·교구 제작과 이로 인한 시간적·경제적 부담, 자신과 기관의 신념 상치, 실습 지침과 기관 운영방침에 대한 안내 부족
- 보육실습생 업무에 대한 갈등: 행사 잡무로 인한 보육실습 부족, 시간 외 근무와 보육실습생에게 보육교사 업무 요구
- 동료 보육실습생과의 갈등: 업무 분담과 협조 부족, 평가에 대한 지나친 인식

실습기간 동안 보육실습생은 다른 환경과 역할 등으로 상당한 스트레스를 경험할 수 있다. 그러므로 보육실습을 성공적으로 마치기 위해 보육실습생은 무엇보다 건강관리에 주의해야 한다. 또한, 보육실습생은 보육실습 동안 자신의 보육에 대한 신념이나 가치관 등을 확인하고, 다른 환경 변화에 빠르게 적응하기 위해서도 노력해야 한다. 이를 위해 보육실습생은 보육과 관련한 다양한 지식과 업무 등을 배우려는 적극적인 태도가 필요하다.

(8) 보육실습생의 반성적 사고

반성적 사고는 자신의 신념이나 실천 행위에 대해 그것의 원인이나 궁극적인 결과를 적극적이고 끈기 있고 주의 깊게 고려하는 것이다(Dewey, 1933; 박은혜, 2018, p. 373에서 재인용). 또한, 반성적 사고는 실천 행위를 검토하고 정련하여 보육교사의 다양한 역할과 관련된 개인적이고, 보육학적이며, 사회적(정치적, 역사적, 경제적) 맥락을 주의 깊게 고려하는 계속적 과정이기도 하다(Knowles, et al., 1994; 박은혜, 2018, p. 374에서 재인용). 그러므로 반성적 사고 과정은 보육실습생이 어떻게 최종 결정을 내리는가의 순서를 강조하며, 그 내용은 반성적 사고를 이끌어낸 실체에 초점을 둔다.

① 반성적 사고 과정

Ross(1989)는 교육적 문제나 딜레마를 인지하고, 다른 상황의 공통점과 차이점을 인지하는 것으로 문제에 대해 반응하고, 분석된 상황에 비추어 문제를 다시 정의하고, 여러 가지 문제의 해결책을 시도해 보고, 나타난 결과를 검토해보는 일련의 과정을 통해 반성적 사고가 이루어진다고 설명하였다.

표 3-4 반성적 사고 과정

반성적 사고 과정	개념
1. 반응	보육실에서 일어나는 모든 상황에 대해 보이는 최초의 반응
• 긍정적 느낌	자신이나 타인에 대한 만족이나 기쁨 표현
• 부정적 느낌	자신이나 타인에 대한 불만족이나 불평 표현
• 보고서	개인적인 관심이나 느낌을 포함하지 않고 사실만 언급
• 개인적 관심	보육실에서 벌어진 상황에 대한 개인적 관심 표현
• 이슈	보육 이슈, 문제, 지식 표현
2. 정당화	자신이 보였던 반응을 설명하고, 정당화하며 예를 제시함으로써 확장시키는 과정
• 구체적 정당화	반응을 보였던 그 상황에 초점을 맞추어 확장시키기
• 비교 정당화	반응을 보였던 상황을 과거의 경험이나 다른 학급 혹은 다른 상황과 비교하면서 최초의 반응을 확장시키기
• 일반화된 정당화	최초의 반응을 일반적 원리, 이론 또는 광범위한 철학적 배경을 이용하여 정당화하기
3. 의사결정	첫 번째 반응을 확장하고 정당화한 것에 기초한 개인적, 전문적, 사회적, 윤리적 문제에 대한 의사결정
• 개인적 초점	개인적 차원에서의 의사결정
• 전문가적 초점	보육 문제와 이슈, 이론, 교수-학습 방법, 미래 목표, 보육교사로서의 태도, 영유아의 능력과 특성에 기초한 의사결정
• 사회적·윤리적 초점	사회적 이슈, 윤리적 문제나 도덕적 차원에서의 의사결정

〈출처〉 박은혜(2018). **유아교사론**. pp. 374-375.

반성적 사고는 보육실습생이 특정한 상황에 대해 의식적으로 반응하는 것으로부터 시작하여 이를 정당화한 후 상황에 대해 의사결정하는 것으로 이어지는데 때로 문제해결과 혼돈될 수도 있다. 즉, 문제해결은 보육교사가 해결해야 하는 상황이 보육교사가 인식하기 이전에 일어나지만, 반성적 사고는 보육교사가 그 상황을 문제로 인식하는 것에서부터 시작한다. 그러므로 반성적 사고는 과거나 현재에 일어나고 있는 실천적 행위에 대한 사려 깊고 분석적인 사고로부터 미래 행위에 대한 방향을 결정하는 것까지의 자연스러운 과정이다(박은혜, 2018, p. 375).

보육실습과 관련한 반성적 사고 주제로는 보육실습생이 직면한 보육의 실제, 보육교사의 신념이나 가치관 등을 들 수 있다. 그러므로 보육실습 중 영유아와의 상호작용이나 교수-학습 과정 중에 발생한 행위와 이미 발생한 사건에 대해 반성적 사고를 할 수 있다. 이러한 반성적 사고에 대해 van Manen(1977)은 그 수준을 기술적 반성 수준, 실천적 혹은 전문가적 반성 수준, 비판적 반성 수준의 세 가지로 제시하였다(박은혜, 2018, pp. 378-379; 조부경, 백은주, 고영미, 2018, pp. 136-137).

기술적 반성 수준은 주어진 목적을 달성하기 위해 보육 지식을 기술적으로 적용하는 것으로 경제성이나 효율성 같은 기술적 측면으로만 정의한다. 이는 보육실습 중 대부분의 보육실습생이 가지는 관점으로 탐구 중심 교사 교육의 관점이다.

실천적 혹은 전문가적 반성 수준은 문제 상황에 직면하거나 어떤 결정을 내려야 할 때 그 문제나 상황의 기저에 있는 가정이나 경향성에 대해 분석하고 보육실습생이 취한 행동이 미칠 장기적인 보육의 효과까지 검토한 후에 이루어지는 것이다. 이 수준에서의 반성적 사고는 모든 보육적 행위는 특정한 가치관과 연결되어 있다고 봄으로써 여러 가지 보육목표 중 추구할만한 가치가 있는 것이 무엇인지에 대해서도 고려한다. 하지만 여전히 모든 결정은 보육 원리에 기초하여 이루어진다.

비판적 반성 수준은 보육실습생의 실천 행위 안에 도덕적, 윤리적 기준을 포함하여 이루어지는 것이다. 실습 중 학급에서 일어나는 여러 가지 상황과 그에 영향을 미치는 교육적, 사회적, 정치적, 경제적 조건들을 연관시킬 수 있는 능력을 포함한다. 이는 보육실습생이 영유아의 장기적 발달과 보육 정책에 영향을 미칠 수 있는 것을 포함한다. 그러므로 비판적 반성 수준은 보육실습생 수준을 넘어 보육교사는 도덕적 행위의 실천자가 되어야 한다는 것으로 연결되어 궁극적인 보육교사 양성의 목표가 되기도 한다.

② 보육에서의 반성적 사고의 필요성

보육현장에서 반성적 사고는 보육교사의 사고 과정과 신념 체계 및 실천 행위와의 관계에서, 보육 활동의 불확실성과 보육의 현장 강화 측면에서, 보육교사의 실천적 지식과 자율적인 의사결정자 측면에서, 체제 순응적 보육과정의 교사교육 프로그램 측면에서 필요하다(박은혜, 2018, pp. 381-386). 특히 보육실습생은 가르치는 일을 하면서 자신이 속한 학급, 보육 현장이라는 특정한 맥락에서 자신의 실천적 지식을 구성하고 재구성해나간다. 보육실습생의 실천적 지식은 실제적 측면에서 마주치는 일과, 보육실 관리, 영유아의 요구와 같은 보육 실제로부터 형성되며, 개인적 측면에서는 보육실습생 스스로 개인적으로 의미 있는 목적을 위해 활용하기도 하며, 상호작용적 측면에서는 보육실습생이 속한 사회의 윤리나 관련 이론 등 주변 환경과 상호작용하면서 형성된다(Elbaz, 1981, p. 47; 박은혜, 2018, p. 384에서 재인용).

2) 실습지도교사

보육실습 기간 동안 보육실습생은 실습지도교사뿐만 아니라 모든 보육교직원과 직·간접적인 관계를 맺게 된다. 특히 실습지도교사는 보육실습생과 밀접한 관계를 맺으며 실습하는 동안 보육실습생에게 보육교사로서의 태도와 가치, 역할 수행을 지원해준다. 그러므로 실습지도교사는 현명함, 지도력, 바람직한 역할 모델, 교수 지식과 기술을 가진 멘토(mentor)가 된다(박은혜, 조운주, 2020, p. 56). 또한, 실습지도교사는 실습 기간 동안 수업 내용 등을 직접 지도하면서 최종적으로 보육실습생의 행동이나 태도 및 수업에 대해 평가한다. 그러므로 실습지도교사는 보육실습생의 사고 수준을 고려하여 지도해야 한다.

| 표 3-5 | 보육실습생의 사고 수준 고저에 따른 특성과 지도방법

구분	사고 수준이 높은 보육실습생	사고 수준이 낮은 보육실습생
책임감	• 상황이나 다른 사람을 원망한다.	• 책임을 수용하고 자신이 할 수 있는 일을 찾는다.
효능감	• 다른 사람의 평가나 판단으로 자신을 평가한다.	• 자기 스스로 평가한다.
교수계획	• 보육과정에 따라서 계획하지만 영유아의 요구를 충분히 수용하지 못한다.	• 영유아가 아는 것을 보육과정에 수용한다.
교수방법	• 확실히 아는 교수방법만 사용한다.	• 개별 영유아에게 적합한 교수방법을 적용한다.
교수진행	• 영유아의 흥미나 요구를 수용하지 못한다.	• 영유아와 효과적으로 상호작용한다.
수업평가	• 목표에 근거해서만 평가한다.	• 자신의 행동과 영유아의 반응을 반성하며 평가한다.
의사결정	• 다양성이 부족하다.	• 다양성이 있다.
교사발달	• 대학 교육을 통해 발달한다고 생각한다.	• 졸업 후에도 지속적으로 발달한다고 생각한다.
지도방법	• 많은 칭찬을 한다. • 감정이입을 해준다. • 많은 모델을 보여준다. • 모든 일을 세부적이고 구체적으로 지도한다.	• 자율적인 결정 기회를 제공한다. • 문제점을 스스로 수정할 수 있게 지도한다. • 기본적인 사항만 지도한다.

〈출처〉 박은혜, 조운주(2020). **반성적 실천을 위한 유아교육실습(3판)**, p. 76.

(1) 보육실습생과의 관계

보육실습생과 실습지도교사는 서로 협조적인 관계를 형성하도록 노력하면서 원활한 의사소통을 하는 것이 중요하다.

| 표 3-6 | 실습지도교사와 보육실습생 간의 관계 형성을 위한 노력

실습지도교사	보육실습생
• 마음을 열고 보육실습생의 고민을 들어준다. • 솔직함은 권위를 훼손하기보다 좋은 관계를 형성하므로 실수했을 경우 솔직하게 시인한다. • 보육실습생을 존중한다. • 보육실습생의 입장에서 이해한다. • 친절하고 따뜻하게 대한다. • 편견이나 선입견을 갖지 않는다. • 다른 보육실습생과 비교하지 않는다. • 보육실습생의 문제나 단점에 대해 비밀을 지킨다.	• 자신의 한계를 인정하고 실습지도교사의 비판을 긍정적으로 수용한다. • 모든 일에 책임을 다하고 능동적인 자세를 취한다. • 협조적이고 긍정적인 태도를 갖는다. • 실습지도교사의 입장에서 생각한다. • 자부심을 갖고, 발전을 위해 현재에 머무르지 말고 계속 노력한다. • 의사소통 방법을 배운다. • 실습기관, 실습지도교사 등의 문제와 단점에 대해 비밀을 지킨다.

(2) 보육실습생과 실습지도교사의 발달단계

보육실습생과 실습지도교사는 6주간의 실습기간 동안 서로의 경험을 공유함으로써 보육실습생은 미래 보육교사가 되기 위한 준비를 할 수 있다. 보육실습생과 실습지도교사와의 관계는 〈표 3-7〉에 제시한 바와 같이 일련의 단계를 통해 발달해나간다.

표 3-7 보육실습생과 실습지도교사의 발달단계

<table>
<tr><th>단계</th><th>보육실습생</th><th>실습지도교사</th></tr>
<tr><td rowspan="3">1</td><td>기대와 걱정</td><td>기대와 걱정</td></tr>
<tr><td>• 영유아와 실습지도교사와 만나는 것과 수업에 대한 기대감
• 영유아와 실습지도교사가 좋아할지에 대한 걱정</td><td>• 보육실습생을 만나 함께 하는 것에 대한 기대감
• 보육실습생의 기대를 충족시킬 수 있을지에 대한 걱정</td></tr>
<tr><td colspan="2">• 보육실습생과 실습지도교사가 갖는 불안과 걱정은 서로에 대한 정보와 그들이 참여하는 프로그램에 대한 정보의 부족에서 기인하므로 상호 정보를 교환하도록 노력하기
• 보육실습생을 위한 정규 오리엔테이션 프로그램 활성화, 대학의 교사교육 프로그램에 대한 안내, 보육실습생과 실습지도교사 간 인성, 교수 방법, 취미 등을 파악하기</td></tr>
<tr><td rowspan="3">2</td><td>역할 명료와 역할 혼란</td><td>역할 명료와 역할 혼란</td></tr>
<tr><td>• 영유아와 보육과정을 이해하면서 자신의 역할에 대한 명료한 인식
• 매일 새롭게 발생하거나 복잡한 학급 일 등으로 자신의 역할에 혼란을 느낌</td><td>• 보육실습생에게 적절한 업무를 부여하면서 자신의 역할에 대한 명료한 인식
• 보육실습생에게 어느 정도 책임을 부여해야 하는지에 대한 불확신과 역할 혼란 느낌</td></tr>
<tr><td colspan="2">• 실습지도교사와 보육실습생은 서로의 교수 방법, 태도, 호·불호의 단서를 찾기 위해 서로 세심하게 관찰하며 노력하기
• 보육실습생은 자신이 배운 것, 수행할 수 있는 것과 없는 것에 대한 정보를 실습지도교사에게 제공하고, 실습지도교사는 보육실습생의 업무, 역할 등에 대해 구체적으로 안내하기</td></tr>
<tr><td rowspan="3">3</td><td>자신감과 무력감</td><td>자신감과 무력감</td></tr>
<tr><td>• 실습지도교사의 칭찬이나 영유아의 긍정적 반응이 있을 때 확신과 자신감 가짐
• 인정받지 못하거나 문제를 해결하지 못할 때 무력감을 느낌</td><td>• 보육실습생에게 교수 모델을 제공하면서 자긍심을 갖지만 평가받는 느낌 가짐
• 보육실습생의 발전이 보이지 않거나 기대에 못 미칠 때 낙담하고 무력감 느낌</td></tr>
<tr><td colspan="2">• 보육실습생은 실습지도교사의 능력을 인정하고 최선을 다해 보육실습생으로서 업무를 수행하도록 노력함
• 실습지도교사는 보육실습생의 능력에 따라 책임을 제공하고 비지시적, 협력적, 지발적, 독립적 실습지도 전략을 적절히 활용하여 피드백과 지원을 하는 것이 도움이 됨</td></tr>
</table>

<table>
<tr><td rowspan="3">4</td><td>능력 인식과 의심</td><td>해방감과 의심</td></tr>
<tr><td>• 성공을 경험하면 영유아의 요구에 더 관심을 갖고 자신의 교수를 비판적으로 분석함
• 실패를 경험하면 자신의 능력을 의심하고 영유아나 실습지도교사를 비난함</td><td>• 보육실습생을 신뢰할 경우, 보육실습생에게 학급의 책임을 맡기고 해방감 느낌
• 보육실습생을 신뢰하지 못할 경우, 스스로 책망하고 보육실습생의 능력을 의심함</td></tr>
<tr><td colspan="2">• 보육실습생과 실습지도교사는 상호 신뢰감을 형성하기 위해 개방적으로 상호작용하기 위해 노력함
• 실습지도교사는 보육실습생이 스스로 할 수 있는 기회를 제공하고, 동료 보육교사와 상의하여 상황을 새롭게 보거나 보육실습생의 긍정적인 면을 발견하여 칭찬하는 것이 도움이 됨</td></tr>
<tr><td rowspan="3">5</td><td>확신과 낙담</td><td>협력과 고립</td></tr>
<tr><td>• 성공적인 역할 수행을 한 경우, 교직에 대한 확신을 가짐
• 성공적인 역할 수행을 못한 경우, 낙담함</td><td>• 보육실습생의 성공적인 역할 수행을 한 경우, 보육실습생을 동료로 인식하고 협력함
• 보육실습생이 성공적으로 역할 수행을 못한 경우, 고립감을 느낌</td></tr>
<tr><td colspan="2">• 종일수업의 책임을 감당할 능력을 갖춘 보육실습생에게는 비지시적인 실습지도를 하되, 실습지도교사가 계속 지원하는 것이 도움이 됨
• 종일수업의 책임을 감당할 능력이 없는 보육실습생에게는 구체적인 목표를 설정하고, 규칙적이고 지속적인 피드백을 제공하는 것이 도움이 됨</td></tr>
<tr><td rowspan="3">6</td><td>서운함과 안도감</td><td>서운함과 안도감</td></tr>
<tr><td>• 성공적인 실습 실행의 경우, 실습이 끝나는 것에 대해 서운함을 느낌
• 실패한 실습의 경우, 실습이 끝나는 것에 대해 안도감을 느낌</td><td>• 성공적인 실습 실행의 경우, 실습이 끝나는 것에 대해 서운함을 느낌
• 실패한 실습의 경우, 실습이 끝나는 것에 대해 안도감을 느낌</td></tr>
<tr><td colspan="2">• 보육실습생과 실습지도교사는 실습 경험에 대한 반성적 사고를 통해 개인적, 전문적 성장을 위해 노력함
• 보육실습생과 실습지도교사 간 최종 협의, 보육실습생과 실습지도교사의 저널 함께 읽기 등은 반성과 미래 계획을 격려하는 데 도움이 됨</td></tr>
</table>

〈출처〉 조부경, 백은주, 고영미(2018). **유아교사론**, pp. 238-243.

(3) 참여수업 시의 역할

보육실습생이 참여수업을 계획할 때는 실습지도교사의 도움이 필요하다. 이를 위해 실습지도교사는 보육실습생이 참여수업을 보다 원만하게 실시할 수 있도록 계획단계에서부터 실제 수업을 진행하여 마무리할 때까지 보육교사로서의 역할 수행에 필요한 지도를 한다. 그러므로 실습지도교사로서의 역할을 수행함에 있어 실습지도교사는 무엇보다 영유아가 집중하기 쉽고 비교적 진행 시간이 짧은 활동을 선정하여 보육실습생이 실시하기에 용이한 활동부터 계획하도록 지도한다. 또한, 보육실습생이 모든 활동(계획하기, 노래, 율동, 동화, 동극, 동시, 게임, 이야기 나누기, 작업, 실험, 귀가지도 등)을 1~2회 해볼 수 있도록 계획하고, 정적활동과 동적활동, 계획하여 지도하기에 부담이 적은 활동(동화 등)과 큰 활동(창작 율동 등)을 하루씩 번갈아 계획하여 해볼 수 있도록 안배하면서 지도한다(박은혜, 2018, pp. 158-159). 또한, 실습지도교사는 감정적 지원과 전문적 지원을 위한 역할을 한다(박은혜, 조운주, 2020, pp. 57-58).

① 감정적 지원 역할

- 보육실습생의 장점을 인식하여 지지와 칭찬을 해준다.
- 보육실습생을 성인 협력자로 존중하여 함께 문제해결 방법을 모색한다.
- 보육실습생의 이야기를 들어주고 비밀을 유지한다.
- 보육실습생이 기관 밖의 여러 가지 활동에 참여할 수 있게 격려한다.
- 보육실습생의 스트레스를 해소할 수 있는 건설적인 방법을 제안한다.
- 보육실습생과 친밀하고 신뢰로운 관계를 형성한다.

② 전문적 지원 역할

- 보육실습생에게 영유아의 놀이를 지원하고 확장해주며, 평가하는 방법을 알려준다.
- 보육실습생에게 효과적인 교수전략을 알려준다.
- 보육실습생에게 학급 운영 방법을 알려준다.
- 보육실습생에게 자료를 활용하는 방법을 알려준다.
- 보육실습생의 교수 향상을 위해 협의회를 실시한다.
- 보육실습생이 반성적 사고를 할 수 있도록 지속적인 정보와 피드백을 제공한다.

04

CHAPTER

보육실습기관에서의 관찰

4 CHAPTER

보육실습기관에서의 관찰

1. 보육실습기관에서의 관찰

관찰은 영유아의 행동을 체계적이고 계획적으로 알아보기 위한 대표적인 방법이다. 특히 발달이 충분히 이루어지지 않은 영유아의 행동을 이해하기 위해 관찰은 매우 유용하게 실시할 수 있는 방법이다. 그리하여 실습지도교사나 원장은 보육실습생에게 실습기간 동안 다양한 보육장면에서의 영유아 행동을 관찰하여 기록할 것을 요구한다. 예를 들어, 보육실습생에게 등원한 영유아를 처음 만나는 순간 영유아가 어떤 표정을 지으며 등원하는지, 건강에 이상은 없는지 등에 대해 관찰하여 기록할 것을 요청할 수 있다. 보육실에서 수업을 하는 동안에도 보육실습생은 지속적으로 영유아의 놀이활동을 관찰하면서 필요할 때마다 영유아의 놀이에 개입하거나 상호작용을 할 수 있다. 그러므로 실습지도교사는 보육실습생이 영유아의 수준과 욕구에 보다 민감하게 반응할 수 있도록 영유아의 행동을 세심하게 관찰하여 이를 기록하고 정리하여 제출할 것을 요구할 수도 있다.

영유아를 대상으로 한 관찰은 18세기 페스탈로찌(J. H. Pestalozzi)가 자연스런 상황에서 자신의 아들을 관찰하여 기록한 것에서 시작되었다. 이후 관찰은 영유아에 대한 다양한 정보를 획득할 수 있어 보육 현장에서 폭넓게 사용되고 있다. 그러므로 보육실습 시 보육실습생은 관찰을 통해 영유아의 현재 발달 상태와 흥미, 영유아의 행동 원인 등을 파악할 수 있고, 또래와 발달 수준을 비교할 수 있으며, 개별화된 보육활동을 계획할 수도 있다. 실습지도교사가 관찰 리포트를 요구할 경우, 보육실습생은 누구를 대상으로 관찰할 것인지, 어떤 행동을 관찰할 것인지, 어떻게 관찰하여 기록할 것인지, 언제, 어디서, 얼마나 오래 관찰할 것인지, 관찰한 자료를 어떻게 분석할 것인지 등에 대해 계획하는 것이 필요하다.

1) 관찰 계획

보육실습 시 보육실습생은 관찰을 통해 영유아가 어린이집에서 교사와 또래, 교구 등과 어떻게 상호작용하는지를 살펴봄으로써 영유아를 더 잘 이해할 수 있다. 효율적인 관찰을 위해 보육실습생은 관찰 계획을 세워야 한다. 보다 체계적인 영유아 관찰을 위해 보육실습생은 관찰하기 전에 누구를 대상으로 어떤 행동을, 어떻게, 어디서, 언제, 얼마나 오랫동안 관찰할 것인지, 그리고 관찰한 내용을 어떻게 기록하여 분석할 것인지에 대해 생각해 보아야 한다(조성연 외, 2011, pp. 130-133).

2) 관찰 시 유의점

보육실습생은 실습기간 동안 매일의 준비와 점검, 활동 진행, 정리 정돈, 다음날을 위한 준비와 계획 등 실습지도교사의 행동이나 활동 내용을 주의 깊게 관찰할 뿐만 아니라 보육실 내외에서 이루어지는 영유아의 활동도 주의 깊게 관찰하는 것이 중요하다. 무엇보다 영유아를 관찰할 때 보육실습생은 영유아의 개별 인권을 존중하고 권리를 보호해주는 태도를 지녀야 한다. 모든 영유아는 자신의 사생활이 침해당하지 않을 권리가 있으므로 영유아를 관찰할 경우에 보육실습생은 관찰 내용을 다른 사람과 공유하는 문제에 대해 신중해야 한다. 즉, 보육실습생이 관찰한 내용을 실습지도교사와 이야기할 때 오직 대상 영유아에 대해서만 이야기하고, 자료를 공개해야 한다면 영유아의 이름과 그 영유아를 식별할 수 있는 표시를 없앤 후 공개해야 한다. 또한, 오랜 시간 영유아를 관찰하면 영유아에 대해 많은 정보를 수집하게 되고, 본의 아니게 관찰자인 보육실습생이 주관적 판단을 하게 되는 경우가 생길 수 있다. 그러므로 보육실습생은 관찰한 영유아의 행동에 초점을 맞추어 가능한 한 객관적으로 기록한다.

또한, 보육실습생은 보육기관의 실내외 환경과 시설, 설비 등의 물리적 환경, 보육교사의 교수-학습방법, 보육 활동 계획 등의 전반적인 보육과정 운영, 영유아의 일상생활 습관과 문제행동 등의 생활지도, 보육시설의 안전관리, 급·간식 지도, 보육교직원의 직무 수행, 가정과의 상호협력 등의 지역사회 연계 등에 대해서도 관찰할 수 있다. 이를 위해 보육실습생이 실습기관에서 영유아를 관찰할 때 몇 가지 유의해야 할 사항이 있다(보건복지부, 한국보육진흥원, 2017, pp. 41-42).

- 다양한 상황과 장소에서 일과 시간대별 영유아의 행동이 포함될 수 있도록 관찰한다.
- 영유아의 개별적 흥미, 놀이 행동, 특성 등을 파악할 수 있도록 다양한 영역이나 상황에서 관찰한다.
- 일정한 형식에 따라 일관성 있게 관찰한다.

- 일회성이 아닌 여러 번에 걸쳐 지속성 있게 관찰한다.
- 관찰자의 주관이나 편견이 개입되지 않도록 객관적으로 관찰한다.
- 관찰 내용과 그에 따른 해석이나 평가는 구분하여 기록한다.
- 관찰 도중 궁금한 사항은 상황에 따라 즉시 혹은 일과 운영 후 실습 지도교사에게 질문한다.
- 실습하는 동안 언제나 관찰할 수 있도록 메모지와 필기도구를 손쉽게 손이 닿을 수 있는 곳에 준비해 둔다.
- 일과 동안의 관찰 내용을 키워드 중심으로 기록하였다가 일과 운영을 마친 후 즉시 구체적으로 작성한다.

3) 관찰 내용

보육실습생이 영유아 관찰 시 중점적으로 볼 내용은 다음과 같다(보건복지부, 한국보육진흥원, 2017, p. 42).

- 영유아가 자발적 혹은 능동적으로 놀이에 참여하는가?
- 영유아가 선호하거나 선호하지 않는 흥미영역은 무엇인가?
- 영유아가 선호하거나 선호하지 않는 놀잇감이나 놀이 활동은 무엇인가?
- 영유아가 개별적으로 혹은 집단으로 놀이 활동을 전개하는가? 이 경우, 놀이가 얼마나 오래 지속되는가, 아니면 중간에 중단되는가?
- 놀이 도중 영유아들 간 활발한 의사소통이나 상호작용이 이루어지는가?
- 영유아는 놀이 도중 자신의 의견을 적절하게 표현하는가?

- 영유아는 주도적으로 놀이를 하는가?
- 영유아는 놀이를 마친 후 자신이 사용한 놀잇감을 정리하는가?
- 영유아는 대·소집단 활동 시 보육교사의 이야기에 주의집중을 잘하는가?
- 영유아는 다양한 놀이에 참여하는가 혹은 한 가지 놀이에만 몰두하는가?
- 영유아는 보육교사나 다른 성인 혹은 또래와 관계를 잘 형성하는가?
- 영유아는 도움이 필요할 때 보육교사나 또래에게 적절하게 도움을 요청할 수 있는가?

2. 일화기록 작성

보육실습생이 가장 많이 활용하는 관찰 방법은 일화기록이다. 일화기록(anecdotal record)은 시간과 장소에 구애받지 않고 영유아를 관찰할 수 있으며, 특별한 훈련을 받지 않아도 쉽게 영유아를 관찰하여 기록할 수 있어 보육실습 시 가장 많이 활용된다.

일화기록은 영유아에게 일어난 중요한 사건이나 핵심이 되는 짧은 시간 동안의 행동을 직접 관찰하여 객관적이고 서술식으로 기록하는 방식이다. 이는 보육현장에서 영유아를 이해하기 위해 가장 많이 활용되는 관찰 방법으로서 여러 번에 걸쳐 기록된 일화기록 내용은 영유아에 대한 지도계획을 세우는 데도 도움이 된다. Randal(1936)은 일화기록을 '글자로 모사된 사진', '사건의 순간에 포착된 단어로 된 스냅사진'이라고 언급하였다(장휘숙, 2000, p. 108). 이처럼 일화기록은 짧은 내용에 대한 단편적인 기록이므로 보육실습생은 일화기록에 의한 영유아의 행동이 해당 영유아의 행동을 대표하지 않을 수 있다는 것을 유념해야 한다. 즉, 어쩌다 특이한 행동을 한 경우 그것이 기록으로 남겨져 마치 그 행동이 해당 영유아의 특성인 것으로 여기는 실수를 하지 않도록 유의해야 한다(조성연 외, 2011, p. 138).

1) 일화기록의 장·단점

보육실습생이 영유아를 대상으로 일화기록을 할 경우에는 다양한 영역에서의 영유아 행동을 알아보기 위해 관찰 내용과 관찰 장면 및 시간 등을 선정하여 너무 길지 않은 시간 동안 관찰하여 기록한다. 일화기록은 장·단점을 지니고 있으므로 보육실습생은 이를 적절하게 사용해야 한다(조성연 외, 2011, pp. 138-139).

(1) 장점

- 사전에 특별한 준비나 계획을 세우지 않아도 된다.
- 특별한 도구나 기술 없이도 쉽게 기록할 수 있어 간편하다.
- 중요한 행동과 사건을 중심으로 간결하게 기록하기 때문에 기록하는데 용이하다.

(2) 단점

- 상황 묘사가 적고 중요한 사건을 중심으로 간단하게 기술하기 때문에 사건이 일어나게 된 원인이나 이유를 정확히 알기 어렵다.
- 보육교사가 수업 중에 관찰한 내용을 자세히 기록하지 못하고 중요

한 단서가 될 만한 단어(key words)(언제/어디서/누가/무엇을/어떻게/왜)만 적어 놓고 수업이 끝난 후 기록하기 때문에 때로 상황을 잊어버려 정확한 기록이 어려울 수도 있다.

2) 관찰지침

일화기록으로 영유아의 행동을 관찰하여 기록하기 위해 보육실습생은 다음과 같은 관찰지침을 고려한다(조성연 외, 2011, p. 139).

- 관찰 대상 영유아가 나타내는 중요한 사건이나 행동을 중심으로 간결하게 기록하는데, 대략 한 가지 행동에 초점을 두어 관찰하고 기록한다.
- 사건이 일어난 상황에서의 행동과 대화를 정확히 기록하기 위해서는 되도록 사건이 일어난 직후 바로 기록하는 것이 좋다. 그러나 바로 기록하기 어려운 경우에는 6하원칙(언제, 어디서, 누가, 무엇을 어떻게, 왜)에 따라 간단히 메모해 두었다가 나중에 기록한다.
- 관찰 대상인 영유아가 한 말과 행동을 현재형으로 기록하는데, 대화는 직접화법으로 인용부호(“ ”)를 사용하여 기록한다. 또한, 영유아가 한 말뿐만 아니라, 상대방과 대화한 말도 인용부호(“ ”)를 이용하여 기록하고 행동도 기록한다.
- 관찰자의 주관이나 편견 등이 들어가지 않도록 객관적이며 사실적으로 기록한다.
- 관찰 대상(이름, 생년월일, 성별, 반 등), 관찰시간, 관찰날짜, 관찰장면, 관찰자 이름, 관찰 내용, 요약 등을 기록할 관찰 용지를 미리 준비한다.

3. 일화기록 작성 예시

일화기록에 대한 정해진 관찰기록양식은 없으며, 관찰자인 보육실습생이 사용하기에 편리한 양식을 만들어 기록한다. 간단한 일화기록 양식의 예에 따라 작성한 일화기록은 다음과 같다.

표 4-1 일화기록 양식의 예 1: 신체활동에서의 영유아 간 상호작용

<table>
<tr><td colspan="2">관찰대상: 김미리(여)</td><td>생년월일: 2017년 10월 7일(4세 1개월)</td></tr>
<tr><td colspan="2">관찰일시: 2021년 11월 3일(수) 9:45~9:55</td><td>관찰장면: 어린이집 강당</td></tr>
<tr><td colspan="2">관찰상황: 공 주고받기</td><td>관찰자: 최미혜(보육실습생)</td></tr>
<tr><th colspan="3">관찰 내용</th></tr>
<tr><td colspan="3">희곤이와 미리가 유희실에서 공 주고받기 놀이를 하고 있다. 희곤이가 초록색 공을 미리에게 던지며 "미리야, 공 던진다. 공 받아."라고 말하자, 미리가 "알았어. 던져."라고 말한다. 미리는 공을 받으려고 팔을 앞으로 뻗는다. 희곤이가 공을 던지자 미리가 그 공을 받기 전에 민섭이가 중간에서 그 공을 받아 달아난다. 미리가 "그 공 내거야."라고 소리치며 민섭이를 쫓아간다. 민섭이는 공을 미리에게 주지 않고 "내가 잡았으니 내거야."라고 말하며 공을 손에 쥐고 달리다가 넘어져 공을 놓친다. 그러자 공을 던진 희곤이가 굴러온 공을 주워 다시 미리에게 던져준다. 미리는 공을 받으려고 손을 뻗었지만 다시 공을 놓친다. 그때 옆에 있던 지원이가 굴러온 공을 주워 "여기 있어."라고 말하며 미리에게 전해 준다. 미리는 공을 받은 후 지원이에게 "고마워."라고 말한다.</td></tr>
<tr><td>요약
(관찰
초점)</td><td colspan="2">희곤이와 미리가 공놀이를 하는데 미리가 아직 공을 받는데 익숙하지 않은 것같다. 민섭이는 공놀이에 참여하지 않았으나 공을 중간에서 뺐었지만 놓쳐서 지원이가 공을 주워 미리에게 전해주었다. 지원이가 미리를 배려하는 마음이 있다.
신체발달, 사회성 발달</td></tr>
<tr><td colspan="3">발달 평가
• 신체: 대·소근육의 발달 – 팔과 손을 이용하여 공을 잡을 수 있음
눈과 손의 협응이 이루어짐.
• 사회성: 서로 공을 주고받으며 상대방을 배려함</td></tr>
<tr><td colspan="3">2019 개정 누리과정에 기초한 평가
• 신체운동·건강: 신체활동 즐기기 〉 기초적인 이동운동, 제자리 운동, 도구를 이용한 운동을 한다.
• 사회관계: 더불어 생활하기 〉 친구와 서로 도우며 사이좋게 지낸다.</td></tr>
</table>

표 4-2 일화기록 양식 예 2: 소꿉영역에서의 영유아 간 상호작용

관찰대상자: 정현철　　성별: 남　　생년월일: 2016. 10. 28. (5년 1개월)
관찰일시: 2021. 9. 23.(목) 11:50~12:15　　관찰장면: 기린반 소꿉영역
관찰상황: 가게놀이(식당놀이)　　관찰자: 김보람(보육실습생)

시간	관찰 행동	비고
11:50 ~ 12:15	현철이가 승주와 소꿉영역에서 가게놀이를 한다. 승주: 너 밥 먹어야지? 현철: 응. (음식 모형을 가리키며) 나는 카레밥, 고기도. 승주: (음식 모형들을 움직이며) 이거, 이거, 요거. 현철: (기도 노래를 한 후, 승주를 바라보며) 이거 먹어. 승주: 냠냠, 잘 먹었어요. 현철: 자, 요리 왔습니다. 승주: 이거 먹어도 되나요? 현철: 네, 먹어도 돼요. (모형을 보여주며) 부침개도 있어요. 승주: 어떤 게 밥이지요? 현철: 이거예요. 카레밥 더 드릴까요? 승주: 네. 더 주세요. 현철: 근데 지금 카레가 없는데 다른 거 드릴까요? 승주: 네. 현철: 여기요. 맛있게 드세요. 승주: 네. 잘 먹겠습니다.	승주가 먼저 놀이를 시작했으나 현철이가 더 주도적으로 놀이를 이끌었다.
평가	발달에 대한 평가 - 상황에 적절한 대화를 할 수 있다.	
	2019 개정 누리과정에 따른 평가 • 의사소통: 듣기와 말하기 〉 상대방이 하는 이야기를 듣고 관련해서 말한다.	

표 4-3 일화기록 양식 예 3: 과학영역에서의 교사와 영유아 간 상호작용

관찰대상: 이재은(여)	생년월일: 2018년 1월 18일(3세 9개월)
관찰일시: 2021년 10월 26일(화) 10:35~10:55	관찰장면: 놀이실 내 과학영역
관찰상황: 과학영역에서의 다툼	관찰자: 이아름(보육실습생)

시간	관찰 행동	비 고
10:35~ 10:55	(과학영역에서 재은, 재영, 지우의 한 그룹과 시언, 혜선, 정현이 또 다른 그룹을 이루어 자석과 구슬을 이용한 놀이를 하고 있다. 두 그룹이 함께 놀아서 자석과 구슬이 부족하자 두 그룹에서 다툼이 발생했다.) 재은: 너희만 가지고 놀잖아. 너희가 우리한테 안 줬잖아. 시언: 우리도 구슬이 필요한데. 교사: *모두 구슬이 필요하니까 서로 양보해서 하는 게 어떨까? 너희 중에 누가 먼저 양보할 수 있니?* 재은: (울상인 얼굴로) 싫어. 내가 이거 갖고 놀거야. 혜선: 그럼 가위, 바위, 보로 정해서 가지고 놀아요. 교사: 그럼 가위, 바위, 보를 해서 시간을 정하고 먼저 가지고 노는 팀과 나중에 가지고 노는 팀을 정할까? (재은이와 혜선이가 가위, 바위, 보를 했는데 재은이가 져서 혜선이 그룹이 먼저 가지고 놀기로 한다.) 재은: 싫어. 나는 이거 가지고 놀거야. 교사: *재은이가 가위, 바위, 보에서 졌으니까 긴 바늘이 8에 올 때까지만 기다렸다가 다시 가지고 노는 게 어떨까?* 재은: 내 거가 부족하단 말이야. 재은이가 양보하지 않자 혜선이 그룹은 다른 쪽으로 가서 놀이를 시작하고 지우와 재영이도 다른 놀잇감으로 놀이를 한다. 그러자 재은이는 지우와 재영이의 놀잇감을 발로 방해한다. 재은: 싫어. 교사: 재은아, 뭐가 싫어? 재은: 지우가 싫어요. 나랑 놀기로 해놓고 나랑 안 놀아 주잖아요. 교사: 지우는 너한테 놀잇감을 양보하고 다른 놀이를 하는데? 그럼 재은이도 놀잇감을 양보하고 지우한테 가서 놀자고 말해 볼래? 재은: (지우를 바라보며) 왜 나랑 안 놀아? (지우 머리에 놀잇감을 던지며) 싫어. 교사: *재은아, 친구의 머리에 놀잇감을 던지면 어떻게 해. 지우에게 미안하다고 말하자.* 재은: (지우에게) 미안해. 지우: 괜찮아.	2019 개정 누리과정에서는 유아의 자율성을 강조하므로 교사가 놀이 방법을 제안하기보다는 유아들 스스로 정할 수 있도록 유도하는 것이 필요함 교사가 놀이 시간을 정하기보다는 유아 스스로 놀이 시간을 정하도록 해야 함 문제 상황이 발생했을 때 유아가 스스로 해결방안을 찾을 수 있도록 교

	재은이가 소꿉놀이를 하는 친구들을 바라보며 친구들에게로 간다.	사는 유도해주는 역할을 해야 함
평가	발달에 근거한 평가 • 사회성 발달과 관련하여 규칙 정하기, 차례 지키기 등에 대한 이해가 부족함 • 친구와 놀고 싶을 때 이를 적절하게 표현하는 방법에 대한 이해가 부족함	
	2019 개정 누리과정에 기초한 평가 • 사회관계: 더불어 생활하기 〉 친구와의 갈등을 긍정적인 방법으로 해결한다. • 의사소통: 듣기와 말하기 〉 상황에 적절한 단어를 사용하여 말한다.	

| 표 4-4 | 일화기록 양식 예 4: 적목영역에서 유아와 교구 간 상호작용

관찰대상: 한지훈(남)	생년월일: 2018년 5월 12일(3세 6개월)
관찰일시: 2021년 11월 26일(금) 11:10~11:20	관찰장면: 적목영역
관찰상황: 적목쌓기	관찰자: 고혜림(보육실습생)
관찰 내용	
지훈이는 적목영역에서 유니트 블록을 가지고 혼자서 놀이를 하고 있다. 지훈이는 "나는 지금 길을 만들고 있어."라고 혼잣말을 하며 직사각형 모양의 적목을 가지고 옆으로 길게 늘어놓는다. 지훈이는 "여기에 자동차가 다닐 수 있어."라고 말하며 자신이 만든 길 위로 장난감 자동차를 앞뒤로 움직여본다. 지훈이는 적목으로 만든 길 위에서 계속 자동차를 몇 번 앞뒤로 움직이더니 "길을 좀 더 크게 만들어야겠다. 블록을 더 많이 가지고 와야겠다."라고 말하면서 여러 가지 모양의 적목을 가지고 와서 크기를 맞춰 가며 길을 만든다. "이제 됐다. 더 큰 자동차가 갈 수 있어."라고 말하며 트럭 장난감 자동차를 가지고 와서 "자동차가 지나갑니다. 붕붕~"라고 말하면서 자기가 적목으로 만든 길 위에서 자동차를 이리저리 움직이며 논다.	
요약 (관찰 초점)	지훈이는 적목을 가지고 옆으로 늘어놓을 수 있고, 자신이 만든 길 위에서 장난감 자동차를 움직이면서 혼자 놀이를 한다. –의사소통, 자연탐구
발달 평가 • 의사소통: 물체의 크기와 모양을 구별하고, 크다, 작다를 안다. • 사회성: 혼자놀이를 한다.	
2019 개정 누리과정에 기초한 평가 • 의사소통: 듣기와 말하기 〉 자신의 경험, 느낌, 생각을 말한다. • 자연탐구: 생활 속에서 탐구하기 〉 물체의 위치와 방향, 모양을 알고 구별한다.	

05
CHAPTER

보육현장의 이해

5 CHAPTER

보육현장의 이해

1. 일과 운영의 이해

1) 일과 운영의 기본 원리

영유아기는 연령별 발달 차이와 개인차가 크기 때문에 어린이집에서는 영유아의 연령과 개인별 발달 특성 및 학급 특성을 고려하여 일과를 운영해야 한다. 어린이집의 일과 계획과 운영의 기본 원리는 다음과 같다.

- 어린이집의 보육·교육철학에 근거하여 영유아 개인의 요구를 반영한다.
- 일과 활동은 식사, 간식, 배변, 휴식 등과 같이 영유아의 신체적 욕구를 해결하는 데 필요한 시간을 반영하여 계획하고 운영한다.
- 일과 활동의 내용과 순서는 영유아가 신체적, 정서적 편안함을 느끼도록 균형을 이루면서 계획하여 운영한다.
- 일과 활동은 일관성 있고 융통성 있게 운영할 수 있도록 계획한다.
- 일과 활동은 다양한 활동이 고르게 포함되도록 계획하여 운영한다.
- 일과 활동에 영유아 스스로 놀이를 계획하여 실행하고 평가하는 시간을 갖도록 계획하여 운영한다.

2) 연령별 일과 운영

(1) 0~1세

어린이집 0~1세반의 일과는 영아가 가정에서 생활하는 것과 유사하게 계획하여 건강하고 안정적으로 운영한다. 0~1세반은 식사, 낮잠, 대소변 보기, 씻기 등의 일상적인 양육 활동이 중요한 일과가 된다. 0~1세반을 담당하는 보육교사는 영아의 월령별 차이가 크다는 것을 인식하여, 영아의 개인별 특성에 적합하고 수유와 이유, 수면, 배변과 같은 생리적 욕구를 충족시키는 등의 일상적 양육에 기반한 활동을 계획한다. 또한, 영아는 양육자와 애착을 형성하면서 자신의 신체와 주변 환경을 적극적으로 탐색하려 하므로 보육교사는 영아와 개별적으로 상호작용할 수 있도록 일과를 계획하고 융통성 있게 운영한다. 이를 위해 0~1세반을 담당하는 보육교사는 가정과의 연계를 고려하면서 등원·맞이하기, 점심·간식(수유·이유), 기저귀 갈이와 배변훈련, 실내놀이, 바깥놀이가 포함되도록 일과를 계획하여 운영한다. 〈표 5-1〉은 0~1세반 일과 운영의 예이다.

표 5-1 0~1세반 일과 운영의 예

시간	활동	내용		교사 준비 점검사항
		영아	교사	
7:30 ~ 9:00	등원·맞이하기(통합보육)	• 교사와 눈 맞추며 인사하기 • 교사의 도움을 받아 신발, 가방, 옷을 정리해보기	• 영아 맞이하고 인사하기 • 영아의 신발, 가방, 옷 정리 도와주기	• 교실 환기, 온·습도 • 영아 개별 소지품 • 수유용품·물 • 투약의뢰서 • 위생용품 • 교실 청결 • 놀잇감 점검

9:00 ~ 9:30	오전 간식	• 간식 먹기 전 손 씻기 • 교사의 도움 받아 턱받이를 하고 접시에 숟가락 놓기 • 교사의 도움 받아 간식 먹기	• 배식 전 손 씻기 • 영아가 식기를 꺼내고 놓을 수 있도록 도와주기 • 개별 영아 상호작용하기 • 숟가락과 접시 정리하기	• 턱받이 • 바닥 깔개 • 개인 접시, 숟가락
9:30 ~ 10:40	실내 놀이 1	• 관심 있는 영역에서 자유롭게 활동하기	• 개별 영아 놀이 지원 및 상호작용하기	• 신체, 언어, 감각·탐색 놀이 및 놀잇감 준비
10:45 ~ 11:20	실외 놀이	• 텃밭 둘러보며 살펴보기	• 영아의 신체발달에 적합한 방법으로 이동하기 • 개별 영아 상호작용하기	• 개별 신발 • 영아용 유모차 • 실외 공간의 안전성 확인하기
11:30 ~ 12:00	점심 식사· 이 닦기	• 교사와 눈 맞추며 수유 또는 이유식 먹기 • 교사의 도움 받아 이 닦기	• 개별 영아의 수유·이유식 지도하기 • 세면과 영아용 손가락 칫솔로 영아의 이와 잇몸 닦기	• 손 씻기 • 소독한 젖병 • 적정온도로 식힌 물 • 개별 물병 • 개인 접시, 이유식 • 손수건이나 거즈 • 턱받이, 수건
12:00 ~ 12:30	실내 놀이 2	• 관심 있는 영역에서 자유롭게 놀이하기	• 개별 영아 놀이 지원 및 상호작용하기	• 신체, 언어, 감각·탐색 놀이 및 놀잇감 준비
12:30 ~ 14:50	낮잠 · 휴식	• 음악을 들으며 편안하게 휴식을 취하거나 잠자기 • 안정을 취하며 체력 회복하기	• 낮잠 전 영아 기저귀 갈기	• 교실 환기, 온·습도 • 기저귀 상태 확인 • 조도 조절 • 조용한 음악 • 잠자는 영아 수시로 살피기(돌연사 예방)
15:00 ~ 15:30	오후 간식	• 간식 먹기 전 손 씻기 • 오후 간식 먹기	• 배식 전 손 씻기 • 개별 영아 상호작용하기	• 턱받이 • 바닥 깔개 • 개인 접시
15:30 ~ 16:00	실내 놀이 3	• 관심 있는 영역에서 자유롭게 놀이하기	• 개별 영아 놀이 지원 및 상호작용하기	• 신체, 감각·탐색, 언어 놀잇감 준비

16:00 ~ 19:30	귀가·가정과 연계 (연장 보육)	• 교사와 눈 맞추며 인사하기	• 보호자에게 하루 중 영아의 특이사항, 상황 전달하기 • 보호자에게 영아 소지품 전달하기	• 가정 전달사항 • 영아 소지품
상시	배변 활동	• (0세) 교사의 도움으로 기저귀 갈기 • (1세) '쉬', '응가' 표현해 보기	• 영아 기저귀 상시 확인하기 • 영아 기저귀 갈이 전·후 손 씻기 • 영아 기저귀 갈이 전 '쉬', '응가' 표현해주기	• 기저귀 • 물휴지 • 기저귀용 휴지통 • 기저귀 갈이 매트

〈출처〉 P구립어린이집 0~1세 보육 일과를 재구성함.

(2) 2세

2세는 자율성과 언어가 급격하게 발달하는 시기이므로 보육교사는 영아가 스스로 탐색하고 시도하면서 언어가 발달할 수 있도록 일과를 계획하여 운영한다. 보육교사는 영아에게 좋은 언어 모델을 보이고, 보육교사와 영아, 영아와 영아 간의 언어적 상호작용이 활발하게 일어나며 스스로 탐색활동을 할 수 있는 환경을 제공해 준다. 또한, 2세 영아는 개별 활동의 비중이 더 높기는 하지만 함께 모여서 하는 활동도 가능해지므로 보육교사는 영아가 또래와 함께 놀이하며 상호작용할 수 있도록 격려한다. 그러므로 2세반을 담당하는 보육교사는 영아가 하루 일과에서 식사, 배변활동, 낮잠 등의 일상생활 활동을 충분히 경험하면서 또래나 보육교사, 교구 등과 의미 있는 상호작용을 할 수 있도록 활동과 휴식을 균형 있게 계획하여 운영한다. 이를 위해 보육교사는 가정과의 연계를 고려하면서 등원·맞이하기, 간식·점심, 배변훈련, 실내놀이, 실외놀이, 휴식, 청결 지도 등이 포함되도록 일과를 계획하여 운영한다. 〈표 5-2〉는 2세반 일과 운영의 예이다.

| 표 5-2 | 2세반 일과 운영의 예

시간	활동	내용		교사 준비 점검사항
		영아	교사	
7:30 ~ 9:00	등원·맞이하기 (통합보육)	• 교사, 친구와 인사나누기 • 소지품(가방, 옷) 등을 스스로 정리하기	• 반갑게 영아 맞이하고 인사하기 • 영아의 기분과 건강 상태 확인하기	• 등원 전 교실 환기 • 약의 유무 확인 • 놀잇감 점검
9:00 ~ 10:00	실내 놀이1·정리정돈	• 관심 있는 영역에서 자유롭게 놀이하기 • 정리시간에 맞춰 놀잇감 스스로 정리하기	• 도움이 필요한 놀이에 적절히 참여하기	• 신체, 언어, 감각·탐색, 역할·쌓기, 미술, 음률 놀이 및 놀잇감 준비
10:00 ~ 10:30	오전 간식	• 간식 먹기 전 손 씻기 • 포크나 수저를 사용하여 스스로 간식 먹기	• 배식 전 손 씻기 • 배식하기 • 접시와 포크 정리하기	• 오전 간식 • 간식 접시, 포크
10:30 ~ 11:30	실외 놀이	• 동물인형 목욕시키기	• 놀이 시범 보이기 • 개별 영아 상호작용하기	• 실외놀이 놀잇감 (동물인형, 수조, 목욕의자, 스펀지, 비누, 수건 등) • 개별 신발
11:30 ~ 11:45	청결 지도 1	• 화장실 다녀오기 • 손 씻기	• 영아의 옷 내리고 올리는 것, 변기 물 내리기 등을 개별적으로 도와주기	• 일회용 휴지
11:45 ~ 12:00	점심 식사·이 닦기	• 골고루 음식을 먹고 스스로 자리 정리하기 • 교사의 도움을 받아 이 닦기 • 먼저 식사를 마친 영아는 실내 자유놀이하기	• 배식 전 손 씻기 • 개별 영아 식습관 지도하기 • 영아의 이 닦기 마무리 도와주기	• 행주, 소독액 • 점심 • 수저, 포크, 식판 • 칫솔, 치약, 양치컵
12:30 ~ 14:50	낮잠·휴식	• 자신의 이불을 가지고 오기 • 그림책을 듣거나 조용한 음악을 들으며 낮잠 및 휴식 취하기	• 이부자리 공간 확인하기 • 그림책을 읽어주거나 조용한 음악 들려주기	• 개인이불, 베개 • 음악CD, 카세트
14:30 ~ 15:00	청결 지도 2	• 개인 이불 스스로 정리하기 • 화장실 다녀오기 • 손 씻기	• 영아의 옷을 내리고 올리는 것, 변기 물 내리기 등을 개별적으로 도와주기	• 일회용 휴지

15:00 ~ 16:00	오후 간식 · 실내 놀이 2	• 교사의 도움을 받아 손 씻기 • 포크나 수저를 사용하여 스스로 간식 먹기 • 오전 활동과 연계하여 실내자유놀이하기	• 배식 전 손 씻기 • 배식하기 • 접시와 포크 정리하기	• 오후 간식 • 간식 접시, 포크 • 신체, 언어, 감각 · 탐색, 역할 · 쌓기, 미술, 음률 놀이 및 놀잇감 준비
16:00 ~ 19:30	귀가 · 가정과 연계 (연장 보육)	• 교사, 친구와 인사 나누기	• 보호자에게 하루 중 영아의 특이사항, 상태 전달하기 • 영아 개별 상황에 맞춰 하루를 회상할 수 있도록 부모님께 표현 전하기	• 가정 전달사항 • 영아 소지품
상시	배변 활동	• (1수준) 스스로 옷을 내려요 • (2수준) 선생님의 도움을 받아 변기에 쉬를 해요	• 영아의 옷을 내리고 올리는 것, 변기 물 내리기 등을 개별적으로 도와주기 • 영아용 변기 탐색 · 놀이하기 • 변기에 5분 정도 앉아서 변을 볼 수 있도록 기다려 주기	• 영아용 변기

〈출처〉 N구립어린이집 2세 보육 일과를 재구성함.

(3) 3~5세

3~5세는 신체조절능력과 언어능력이 발달하고 주변 사람들과 다양한 관계를 맺으면서 전인 발달이 이루어지는 시기이므로 영아반의 일과와 다른 양상을 나타낸다. 3~5세 유아는 심리적 안정과 욕구를 충족시킬 수 있는 놀이에 활발하게 참여하고, 일상생활을 스스로 할 수 있으며, 주변 환경을 탐색하면서 스스로 문제를 해결할 수 있을 뿐만 아니라, 또래와 협력하고 상호작용할 수 있다. 그러므로 보육교사는 유아 간 활발한 언어적 상호작용을 경험하고 대 · 소집단 활동을 할 수 있는 놀이 환경 및 자조기술을 발달시킬 수 있는 환경을 제공해 준다. 〈표 5-3〉은 5세반 일과 운영의 예이다.

표 5-3 5세반 일과 운영의 예

시간	활동	내용		교사 준비 점검사항
		유아	교사	
7:30 ~ 9:00	등원·맞이하기 (통합보육)	• 교사, 친구와 인사하기 • 소지품 정리하기 • 자유롭게 놀이하기	• 반갑게 유아 맞이하고 인사하기 • 유아의 기분과 건강상태 확인하기	• 등원 전 교실 환기 • 약의 유무 확인 • 놀잇감 점검
9:00 ~ 10:20	오전 간식·실내 놀이 1	• 등원 한 순서대로 손 씻고 오전 간식 먹기 • 간식 접시와 포크 정리하기	• 배식 전 손 씻기 • 배식하기	• 오전 간식 • 간식 접시, 포크
		• 자신이 하고 싶은 놀이를 선택 후 놀잇감을 가지고 자유롭게 놀이하기	• 놀이 관찰 후 개입이 필요한 상황에 적절하게 상호작용하며 활동하기	• 쌓기, 역할, 수·조작, 언어, 과학, 음률 놀이 및 놀잇감 준비
10:20 ~ 10:30	정리·화장실 다녀오기	• 놀잇감 스스로 정리하기 • 화장실 다녀오고 손 씻기	• 정리시간 예고하기	• 일회용 휴지
10:30 ~ 10:50	대·소집단 활동 1	• 놀이 및 주제와 관련된 다양한 대·소집단 활동하기	• 대·소집단 활동 상호작용하기	• 쌓기, 역할, 수·조작, 언어, 과학, 음률 놀이 및 놀잇감 준비
10:50 ~ 11:50	실외놀이 (대체활동)	• 실외놀이터에서 자유롭게 놀이 및 활동하기	• 기상악화 또는 유아의 건강상의 이유로 실외놀이 불가 시 실내 대체활동 준비하기	• 물, 컵 • 돗자리 • 구급약(소독약, 일회용 밴드, 연고 등)
11:50 ~ 13:00	점심 식사·이 닦기	• 화장실 다녀오기 • 손 씻기 • 골고루 음식 먹기 • 스스로 식사 자리 정리하고 이 닦기 • 점심 식사 후 조용한 놀이하기	• 배식 전 손 씻기 • 배식 도우미와 배식하기 • 바른 자세로 식습관 형성하도록 지도하기	• 행주, 소독액 • 점심 • 수저, 포크, 식판 • 칫솔, 치약, 양치컵
13:00 ~ 14:20	휴식·실내 놀이 2	• 식사 후 피곤한 유아들은 조용한 공간에서 쉬기	• 조용한 휴식 공간 조성하기 • 조용한 음악 들려주기	• 개인이불, 베개 • 음악CD, 카세트

		• 쉬고 싶지 않은 유아는 자신이 하고 싶은 놀이 선택 후 놀이하기	• 놀이 관찰 후 개입이 필요한 상황에 적절하게 상호작용하며 활동하기	• 쌓기, 역할, 수·조작, 언어, 과학, 음률 놀이 및 놀잇감 준비
14:20 ~ 14:30	정리·화장실 다녀오기	• 놀잇감 스스로 정리하기 • 화장실 다녀오고 손 씻기	• 정리시간 예고하기	• 일회용 휴지
14:30 ~ 15:00	대·소집단 활동 2	• 놀이 및 주제와 관련된 다양한 대·소집단 활동하기	• 대·소집단 활동 상호작용 하기	• 이야기 나누기, 언어, 과학, 수학, 미술, 음악 등 대·소집단 활동자료
15:00 ~ 15:30	오후 간식	• 화장실 다녀오기 • 손 씻기 • 간식을 스스로 먹고 정리하기	• 배식 전 손 씻기 • 배식하기	• 오후 간식 • 간식 접시, 포크
15:30 ~ 19:30	귀가·가정과 연계 (연장 보육)	• 귀가 준비를 하고 오늘의 놀이경험 이야기 나누기 • 통합보육실로 이동하기	• 유아가 가정에서 어린이집에서 지낸 일을 말해볼 수 있도록 이야기 나누기 • 연장보육교사와 가정에 특이사항 전달하기 • 귀가 유아 옷매무새 정리하기	• 가정 전달사항 • 유아 소지품

〈출처〉 N구립어린이집 5세 보육 일과를 재구성함.

2. 연령별 놀이 지원

유아는 일상생활 속에서 자연스럽게 놀이하면서 다양한 지식을 획득한다. 유아에게 있어서 놀이는 학습이므로 놀이를 통해 유아는 자연과 날씨, 사회적 관계 형성, 의사소통 기술, 감정 표현 방법, 자조기술 등을 배울 수 있다. 그러므로 보육교사는 유아가 놀이에서 무엇을 경험하고, 어떻게 배우면서 놀이를 이어 가는지 이해해야 하며, 이를 위해 유아의 놀이를 지속적으로 관찰하면서 관련 내용을 기록할 필요가 있다(교육부, 보건복지부, 2019, p. 29).

1) 0~2세 영아

보육교사는 영아가 호기심과 관심을 가지고 놀이를 할 때 발달에 적합한 지원을 해 줄 수 있도록 영아의 발달과정을 알고 있어야 한다. 이를 위해 영아를 담당하는 보육교사는 영아의 연령별 발달 수준과 개별적인 놀이 행동에 관심을 가지고 관찰하여 영아의 발달 수준에 적합하면서 영아가 관심 있어 하는 활동을 위한 놀잇감을 제공해 준다. 〈표 5-4〉는 영아의 놀이상황에 따른 보육교사의 상호작용 예와 놀이 제공 시 고려해야 할 사항이다.

표 5-4 영아의 놀이 상호작용과 놀이 제공 시 고려사항

영역	상호작용의 예	고려사항
신체 놀이	영아: 선생님!(영아가 점프한다) 교사: 00가 점프하고 있네! 개구리처럼 팔짝! 영아: 선생님, 토끼! 교사: 토끼처럼 깡충깡충(흉내 내준다) ...(중략) 교사: 열심히 여기저기 다녔더니 좀 쉬어야겠네. 아, 힘들어. 영아: 그럼 쉴까요? 교사: 그래! 힘이 나려면 또 무엇을 하면 좋을까? 영아: 밥을 먹어야 해요! 밥 만드는 동안 쉬어요.	• 영아가 새로운 활동이나 환경을 충분히 탐색할 수 있는 시간을 제공하기 • 영아의 놀이를 관찰하며 적절한 시기에 개입하여 무엇을 하고 있는지 이야기하고 격려하기 • 영아는 쉽게 지치기 때문에 대근육 활동 후 정적인 활동으로 휴식을 취할 수 있도록 하기

언어 놀이	영아: 나 어제 엄마, 아빠랑 동물원 가서 사막여우 봤어요. 교사: 사막여우를 봤구나! 사막여우는 어떻게 생겼니? 영아: 음.. 털이 달렸고 귀가 뾰족해요. 교사: 사막여우는 뾰족한 귀와 털을 가졌구나! 선생님도 사막여우가 보고 싶다.	• 영아의 질문에 관심을 보여주고 새로운 단어나 어휘를 사용했을 때 이를 강화해 주기
감각 탐색 놀이	(코코아 타서 먹어보는 활동을 위해 준비된 코코아 가루를 보고 영아가 관심을 가지면) 교사: 와, 이게 뭘까? 무슨 냄새가 나는 것 같은데? 영아: (냄새를 맡으며 웃는다) 교사: 냄새가 어때? (냄새를 맡으며) 맛있는 냄새가 나네? 우기 00가 좋아하는 초코렛 케이크 맛이 나는 것 같은데! (영아와 눈을 마주치며) 느낌은 어떤지 선생님이랑 같이 만져볼까?	• 영아가 보고 듣고 만지고 냄새 맡고 맛보는 등 오감각을 사용하는 기회를 충분히 제공하기
역할 쌓기 놀이	(영아가 가방을 어깨에 둘러매고 모형 전화기를 귀에 대고 있다) 교사: 어! 00엄마는 지금 어디 가시나 봐요? 영아: (전화기를 가리킨다) 교사: 아~ 지금 전화를 하고 계시는군요. 누구랑 전화하는 거예요? 영아: 엄마!	• 영아의 언어적, 비언어적 반응을 관찰하며 영아의 경험을 언어화해 주기
표현 놀이	(영아가 모양 쿠키 틀에 요리사 흉내를 내며 밀가루 반죽을 넣고 있다) 교사: 어떤 모양의 쿠키를 만들었나요? 영아: 동그라미. 교사: 빨간색 동그라미 쿠키를 만들었구나. 다음엔 어떤 쿠키를 만들고 싶니? 영아: 초록색 네모. 교사: 초록색 반죽과 네모 모양 틀이 어디 있지? 영아: 여기요! 교사: 그래. 잘 찾아주었네. 모양 쿠키가 점점 많아지고 있네.	• 다양한 미술재료를 자유롭게 탐색하고 경험할 수 있도록 충분한 자료, 시간, 기회를 제공하기 • 영아가 선택한 것을 살피며 활동을 반복하고 지속할 수 있도록 도와주기 • 영아 스스로 할 수 있는 것을 격려하고 지원해 주기

〈출처〉 푸르니보육지원재단(2020). **푸르니 어린이집 질 높은 보육을 위한 교사 역할의 실제**, pp. 112-117.

2) 3~5세 유아

3~5세 유아를 담당하는 보육교사는 유아의 경험과 흥미를 존중하면서 놀이 흐름과 상황에 따라 가장 적합한 교육적 지원이 무엇인지 판단하여 이를 유아에게 제공해 주어야 한다. 그러므로 보육교사는 유아의 놀이를 관찰하며 유아의 흥미에 따라 일과가 융통성 있게 운영되고 있는지 점검해 볼 필요가 있다. 〈표 5-5〉는 보육교사가 유아의 놀이를 지원하면서 고려할 내용이다.

표 5-5 유아의 놀이 지원 시 보육교사의 고려사항

구분	고려사항
일과 구성	• 유아에게 충분한 놀이시간을 허용하는가? • 일상생활에서 융통성 있고 유아 주도적으로 이루어지도록 운영하는가? • 활동은 놀이와 연계하여 운영하는가? • 유아 놀이에 따라 일과를 변경할 수 있도록 융통성 있게 운영하는가?
놀이 공간	• 놀이공간은 고정적이지 않고 놀이에 따라 자유롭게 활용할 수 있도록 융통성 있게 배치하는가? • 유아가 놀이할 수 있도록 충분한 놀이공간을 제공하는가? • 유아에게 공간 배치의 주도권을 주어본 적이 있는가? • 보육실 외에 복도, 계단, 강당, 실외 공간 등 다양한 공간에서 놀이를 허용하고 있는가?
놀이 자료	• 유아가 결정한 놀이자료 방법을 격려하고 있는가? • 정형화되지 않은 다양한 열린 놀이자료, 자연물, 일상의 사물들을 놀이자료로 제공하고 있는가? • 놀이자료 없이도 신체 움직임을 통해 놀이할 수 있도록 지원하는가? • 놀이자료의 융통성 있는 활용을 허용하고 있는가?
상호 작용	• 놀이나 활동 상황에서 또래 간 학습이 일어나도록 유아 간 상호작용을 격려하는가? • 유아의 놀이를 주의 깊게 바라보고 관찰하며 지원하는가? • 유아의 놀이에 함께 참여하고 지원하고 있는가? • 유아가 능동적으로 생각할 수 있는 질문 및 자료를 제공하여 놀이의 확장을 지원하는가?

	• 유아의 놀이에 정서적 지원(긍정적 지원, 부정적 정서 관심)을 위한 격려 등을 하고 있는가?
안전	• 안전이라는 이유로 놀이를 불필요하게 제한하고 있는가? • 위험요소가 있는 경우, 유아 스스로 살펴볼 시간과 기회를 주고 있는가? • 새로 찾아본 놀이공간의 안전을 유아와 함께 점검해 보았는가? • 모든 어린이집 구성원이 놀이와 안전에 대해 소통하고 있는가?
평가	• 유아의 놀이를 다양한 방법으로 관찰, 기록하고 있는가? • 유아의 특성 및 변화 정도를 평가하는가? • 놀이에서 표준보육과정 5개 영역을 경험했는지 돌아보았는가? • 놀이와 일상생활, 활동에 대한 누적된 기록을 총체적으로 고려하여 평가하는가?

〈출처〉 중앙육아종합지원센터(2021). **제4차 어린이집 표준보육과정 놀면서 자란다: 유아 3~5세 보육과정**, pp. 58-59.

유아는 자기 주도적인 놀이를 통해 스스로 의미 있는 학습 경험을 한다. 이를 위해 보육교사는 놀이를 준비하고 계획할 뿐만 아니라, 놀이 참여자로 함께 놀이하며 지원할 수 있다. 〈표 5-6〉은 놀이영역에서 보육교사가 유아와 상호작용할 때 고려해야 할 사항이다.

| 표 5-6 | 놀이영역에서 보육교사와 유아 간 상호작용 시 고려사항

놀이영역	상호작용의 예	고려사항
쌓기놀이	(유아가 블록으로 기둥 2개를 세우고 그 위에 각각 블록을 올려놓아 다리 형태를 만들고 있다. 가운데 기둥이 없어 위에 올려놓은 2개 블록이 자꾸 떨어진다) 유아: 선생님! 여기를 연결하고 싶은데 자꾸 무너져요. 교사: 이쪽 블록과 저쪽 블록을 연결하고 싶은데 가운데가 자꾸 무너지는구나. 떨어지지 않도록 어떻게 하면 좋을까? 유아: 다른 블록을 가운데 놓아볼까요? 교사: 아, 그래! 그럼 선생님이 양쪽을 잡고 있을게. (작은 블록을 가져와 놓지만 짧아서 다시 떨어진다) 교사: 그래도 블록이 떨어지는데? 유아: 블록을 더 쌓아야 할 것 같아요. (유아는 양쪽 기둥과 같은 높이의 기둥이 만들어 질 때 까지 가운데 블록을 계속 더 가져와 쌓는다)	• 유아가 정교한 구조물을 만들 수 있도록 자신의 계획을 스스로 세워보도록 하기 • 놀이상황에서 문제가 발생했을 때 적절한 의견을 제시하여 논리·수학적 사고와 문제해결력을 기를 수 있도록 하기 • 쌓기 활동이 언어, 미술, 역할 등의 다른 활동과 연계하여 이루어질 수 있도록 하기 • 유아가 학습한 지식과

	교사: 이제는 떨어지지 않는구나. 튼튼하게 잘 연결되었네! 이 방법을 잘 모르는 친구들에게 어떻게 알려줄 수 있을까?	개념을 표상해 볼 수 있도록 지원하기
역할놀이	교사: 박물관에 들어가고 싶은데 어떻게 해야 해요? 유아: 표를 사서 오시면 됩니다. 교사: 표는 어디서 사요? 유아: OO아! 우리 표를 만들어야 할 것 같아.	• 놀이 상대자로 적극적으로 참여하기 • 역할 놀이가 지속되고 확장될 수 있도록 지원하기
언어놀이	유아: 선생님, 제가 초대장을 만들었어요. 교사: '우리 집에 초대합니다'라고 썼구나. 그럼, 언제 가면 돼? 유아: 음. 밤 6시에 오면 돼요. 교사: 그럼, 여기에 써줄 수 있니? 선생님이 시간을 잊어버릴 것 같아. 유아: 초대장에 써줄게요. (초대장에 '밤 6시'라고 적는다) 교사: 밤 6시에 갈게. 초대장 고마워.	• 개별 유아의 글자에 대한 흥미와 수준에 따라 읽기, 쓰기 활동을 진행하기 • 유아가 쓰기에 관심을 가질 수 있도록 표현에 중점을 두어 격려하기
수·조작 놀이	(새로운 게임을 유아들에게 소개한다) 교사: 새로운 게임 자료가 있구나. 주사위도 있고 동물 말도 있네. 이것으로 어떻게 놀이할 수 있을까? 유아1: 주사위가 있으니까, 주사위를 굴려서 뭔가 할 수 있을 것 같아요. 유아2: 말이 4개야. 4명이서 하는 건가봐. 유아1: 그런데 이 카드는 뭐지? 뭔가 쓰여 있어. 교사: 카드에 그림도 있고 글자도 있네. 카드에 뭐라고 쓰여 있는지 살펴볼까?	• 조작활동을 위한 새로운 자료를 제시할 때 정해진 규칙보다는 유아 스스로 탐색하고 조작해 볼 수 있는 기회 제공하기
과학놀이	(수성 사인펜으로 크로마토그래피 실험을 하고 있다) 유아1: 선생님! 보라색 사인펜에 빨간색이 나왔어요. 교사: 정말이네. 아까 보라색 사인펜을 찍었는데; 빨간색이 나왔네. 왜 그럴까? 유아2: 나도 보라색 했는데 너랑 똑같이 빨간색이 나왔어. 그런데 나는 더 길쭉한 모양이야. 교사: 정말 그렇네. 그런데 여기 다른 색도 조금 보이는 것 같지 않아? 유아1: 여긴 빨간색이고, 여긴 파란색이에요. 유아2: 보라색은 파란색이랑 빨간색이 섞여 있었나 봐요.	• 어떠한 사물이나 상황에 대해 교사가 해결책을 알려주거나 지식을 전달하기보다는 유아 스스로 관찰하고 이유를 생각하고 예측할 수 있는 기회 제공하기

미술놀이	(유아가 은박지 위에 그림을 그리고 있다) 교사: 00가 은박지 위에 그림을 그리고 있네. 구겨진 은박지에 그림을 그려보니 어떤 느낌이 드니? 유아: 미끌미끌해요. 교사: 그릴 때 미끌미끌한 기분이 드는구나. 종이에 그릴 때와 다른 점이 있니? 유아: 반짝거리는 것 같아요. 그리고 매끈하지 않고 울퉁불퉁해요.	• 유아의 탐색과 표현의 과정을 주의 깊게 관찰하고 활동과정에서 언어적으로 반응해 주기 • 유아가 미술요소(예시: 질감)에 관심을 가지고 탐색할 수 있도록 지원하기
음률놀이	(악기 탐색하며 교사가 리듬을 만들어 두드리자 유아가 이를 따라한다) 교사: 어? 000이가 선생님이랑 똑같이 두드렸네. 유아: 이번엔 내가 해볼게요. 선생님이 나를 따라해 봐요.	• 악기 탐색 시 교사가 정해놓은 리듬을 유아가 따라서 치거나 함께 연주하기보다는 유아가 다양한 리듬과 소리를 스스로 탐색해 볼 수 있도록 지원하기
실외놀이	교사: (꽃잎을 만져보고 싶은 유아에게) 꽃잎을 만져보고 싶구나. 선생님처럼 이렇게 살살 쓰다듬듯이 만져볼까? 만져보니 어때? 유아: 부드러워요. 교사: 정말 꽃잎이 보들보들하구나. 꽃이나 새싹은 자라고 있는 중이라 우리가 살살 조심히 만져주어야 해. 유아: 이 잎은 아기 잎 같아요. 교사: 아기 잎인지 어떻게 알아? 유아: 작고 더 부드러워요. 교사: 정말 다른 잎보다 작고 더 부드럽네. 또 무엇이 다르니? 유아: 음.. 다른 잎은 색이 더 진해요. 교사: 그렇구나! 새로 난 아기 잎보다 색이 더 진하구나. 왜 색이 진해질까? 유아: 음. 햇빛에 타서 그래요. 교사: 아! 우리 피부가 햇빛에 타서 진해지는 것처럼 잎도 햇빛 때문에 진해진다고 생각하는구나!	• 자연현상, 자연물 등 영유아가 궁금증을 갖는 것에 대해 즉각적으로 답을 알려주기보다는 스스로 탐구할 수 있도록 격려하기

〈출처〉 푸르니보육지원재단(2020). **푸르니 어린이집 질 높은 보육을 위한 교사 역할의 실제**, pp. 118-131.

3. 일상생활 지도

영유아는 일상생활 속에서 모방을 통해 기본생활 습관을 형성할 수 있으므로 보육교사는 영유아에게 좋은 역할 모델이 되어야 한다. 영유아의 일상생활과 관련된 기본생활 습관 지도 시 보육교사는 영유아의 흥미와 개인차를 고려해야 하며, 영유아의 행동에 칭찬과 격려를 통해 동기 부여를 해준다. 〈표 5-7〉은 영아반과 유아반의 일과 중 보육교사가 수행할 수 있는 일상생활 지도의 예다.

표 5-7 영아반과 유아반의 일상생활 지도 시 보육교사 역할의 예

<table>
<tr><th>영역</th><th>영아반</th><th>유아반</th></tr>
<tr><td>준비</td><td colspan="2">• 활동 시작 10분 전에 보육실을 점검한다.
– 영유아용품(수유용품, 개별 소지품)이 제자리에 모두 있는가?
– 영역별 자료들은 제자리에 있는가?
– 보육실 내 물건(쓰레기통 비우기, 휴지, 수건 등) 상태는 어떠한가?
– 놀잇감은 안전하게 놓여있는가?
• 보육실을 환기하고 정리를 마무리한다.</td></tr>
<tr><td>등원</td><td colspan="2">• 영유아의 이름을 부르고 '안녕?' 인사하며 반갑게 맞이한다.
• 영유아의 상태(기분, 건강, 청결 상태 등)를 확인한다.
• 영유아가 자신의 겉옷과 소지품을 정리할 수 있도록 한다.
• 영유아의 투약의뢰서, 기타 전달 사항을 확인한다.
• 투약이 필요한 경우, 투약의뢰서의 투약 방법과 양을 확인하고 냉장이 필요한 약은 반드시 약품 전용 냉장고에 보관한다.
• 잠이 부족한 영아는 놀이실 내 조용한 영역에서 휴식할 수 있도록 한다.
• 영아의 소지품을 정리할 경우, 물건에 이름이 쓰여 있는지 확인하여 다른 영아의 물건과 섞이지 않도록 한다.</td></tr>
<tr><td>오전·오후 간식</td><td>• 간식 전 손 씻는 것을 돕는다.
• 자리를 안내하고 턱받이 등을 준비한다.
• 영아가 스스로 먹을 수 있도록 옆에서 격려한다.
• 간식 그릇을 정리할 수 있도록 돕는다.</td><td>• 오전 간식이 유아의 수만큼 준비되어 있는지 확인한다.
• 바른 자세로 먹는 등 올바른 식습관 형성을 위해 반복적으로 지도한다.
• 유아 스스로 간식 먹은 자리를 정리하도록 돕는다.</td></tr>
</table>

정리 정돈	• 사전에 놀잇감을 조금씩 정리하면서 정리 시간이 다가옴을 알려준 후 정리 노래를 통해 정리해야 함을 알린다. • 정리도 놀이처럼 접근하여 놀잇감의 위치를 즐겁게 찾아 정리하도록 유도한다.	• 쌓기·역할영역 등 활동자료가 많은 곳은 5분 전 정리 정돈 시간을 예고한다. • 유아들이 정리해야 할 놀잇감을 적당히 배분하여 책임감 있게 정리 정돈할 수 있도록 한다. • 모든 유아가 참여하도록 교사가 적극적으로 돕는다.
배변 훈련 ·화장실 가기	• 개별적으로 영아의 이름을 부르며 손 씻기와 기저귀 갈이를 한다. • 기저귀는 개별적으로 수시로 확인하고 수유와 이유식 전후, 간식 전후, 실외놀이 전후, 낮잠 전후에는 정기적으로 기저귀를 간다. • 손 씻기와 기저귀 갈이의 상황을 긍정적인 언어로 표현함으로써 편안한 분위기를 조성한다. • 배변 상태를 통해 영아의 건강 상태를 확인하고 일일보고서에 기록한다. 〈배변 훈련 시〉 • 아기용 변기를 탐색하며 놀이를 통해 자연스럽게 배변 활동에 관심을 가질 수 있도록 한다. • 영아가 배변 욕구를 해결할 수 있도록 주기적으로 화장실 가기를 계획하고, 배변 의사를 물어본다.	• 유아가 배변 의사를 표현하면 화장실에 가는 것과 놀이실로 돌아오는 것을 확인한다. • 화장실 사용 후 손 씻기, 뒤 처리 등을 지도한다. • 화장실 사용 후 물 내리기, 손 씻기, 옷 입기 등을 바르게 하였는지 확인하고 격려해 준다.
실외 놀이	• 사전에 놀잇감을 점검하고 준비한다. • 겉옷과 신발 신는 것을 돕는다. • 자연물 탐색활동에 적극 참여한다.	• 안전을 위하여 차례로 나가도록 지도한다. • 스스로 겉옷과 신발을 신도록 한다. • 유아 전체를 항상 주의 깊게 관찰한다. • 놀이 후 주변을 스스로 정리하도록 지도한다(휴지 줍기, 물 잠그기 등).
점심	• 자리를 안내하고 턱받이 등을 준비한다. • 영아가 스스로 먹을 수 있도록 어느 정도 지저분한 것을 허용한다. • 먹는 것과 식사 예절을 지나치게 연관시키지 않고, 영아가 그만 먹고 싶을 때는 인정해 준다.	• 도우미 유아와 함께 점심을 준비한다. • 식단의 내용을 이야기하며 바른 식습관 지도를 한다(제자리에서 먹기, 꼭꼭 씹어 먹기, 밥과 반찬을 골고루 먹기, 입속에 적당량의 음식을 넣기 등). • 혼자 먹을 수 있도록 격려하며, 식사 후 주변을 정리할 수 있도록 지도한다.

	• 거부하는 음식인 경우, 지도교사와 협의하여 양을 조절하거나 조금씩 시도해 보고, 천천히 먹을 수 있도록 지도한다. • 식사 후에는 입 닦기, 손 씻기, 얼굴 씻기기, 이 닦아주기를 한다. • 간식, 점심 식사에 대해 일일보고서를 기록하며 가정과 연계하여 지속적으로 일관성 있게 지도한다.	• 즐겁게 먹도록 편안한 분위기를 조성하고 개별 상호작용을 한다.
낮잠·휴식	• 영아의 이름을 부르며 개별적으로 손 씻기, 화장실 가기 등 낮잠을 위한 준비를 한다. • 낮잠 잘 공간을 사전에 점검하고 아늑하고 편안한 분위기를 만든다. • 영아 스스로 자신의 이불을 찾아보도록 지도한다. • 매트 주변으로 여유 공간(50~60cm)을 두어 이동통로를 제공한다. • 낮잠을 자지 않는 영아, 자고 일어난 영아를 위해 별도의 장소를 제공하여 잠자는 영아를 방해하지 않고 놀이할 수 있도록 지도한다.	• 스스로 낮잠을 준비할 수 있도록 지도한다. • 낮잠을 거부하는 유아는 별도의 조용하고 편안한 공간을 마련하여 휴식할 수 있도록 지도한다. • 낮잠과 휴식 후 스스로 신변을 정리할 수 있도록 지도한다.
귀가 지도	• 일일보고서를 확인하고 영아의 준비물을 미리 챙겨두며 이름을 적어둔다. • 영아의 개별상황에 맞춰 그날 하루를 회상하고 부모님께 표현할 수 있도록 지원한다.	• 유아가 그날 하루를 회상하고 부모님께 표현할 수 있도록 지원한다. • 하원 시 유아가 자신의 소지품을 스스로 정리하고 챙길 수 있도록 한다.
	※ 보육실습생은 실습지도교사보다 먼저 부모를 맞이하거나 영아의 상태를 전달하지 않도록 주의한다.	※ 보육실습생은 귀가 지도 전 실습지도교사에게 유아의 놀이상황에서 발생한 특이사항을 전달한다.

〈출처〉 강민정, 김민희, 배소연(2018). **영유아 교수학습방법**, pp. 112-141; 보건복지부, 한국보육진흥원(2017). **양성교육기관에서의 보육실습지도**, p. 67.

06

CHAPTER

보육계획안 작성

6 CHAPTER

보육계획안 작성

보육계획은 연간, 월간, 주간, 일일계획안으로 구성된다. 보육실습기관에서는 제4차 어린이집 표준보육과정과 2019 개정 누리과정을 바탕으로 기관의 실정에 따라 놀이 중심의 보육과정을 계획하여 운영한다. 보육실습생은 보육실습기관에서 수립한 보육계획안을 참고하여 보육실습 시 수행할 놀이, 활동, 일상생활 지도 등을 계획하여 활용한다.

제4차 어린이집 표준보육과정과 2019 개정 누리과정에서는 보육교사의 자율성에 따라 계획안 양식과 내용, 작성 주기를 정할 수 있다. 이에 보육실습생은 지도교사와 협의하여 보육실습기관이나 대학에서 제시한 보육활동계획안을 작성한다. 제4차 어린이집 표준보육과정과 2019 개정 누리과정에서는 보육교사와 영유아가 함께 만들어 가는 보육과정을 강조하고 있다. 그러므로 보육실습생은 사전계획을 최소화하여 안전한 환경에서 영유아에게 제공할 활동을 어떻게 지원할 것인지를 고려하여 보육활동계획안을 수립해야 한다.

1. 연간 보육계획

연간 보육계획은 보육기관에서 1년 동안 이루어지는 보육과 교육활동으로 영유아의 연령에 따라 보육과 교육의 위계성과 주제, 특별한 날과 행사, 계절 등을 고려하여 작성한다. 특히, 제4차 어린이집 표준보육과정과 2019 개정 누리과정에서는 영유아 주도적인 놀이가 충분히 이루어지는 것을 강조하고 있으므로 보육기관에서는 최소한의 지원 계획을 수립한다. 따라서 학기 초에 준비된 연간 보육계획안과 월간 및 주간 보육계획안은 영유아의 흥미와 관심 정도에 따라 주제와 기간을 융통성 있게 진행할 수 있다. 연간 보육계획 수립 시 고려사항은 다음과 같고(강민정, 김민희, 배소연, 2018, p. 112; 중앙육아종합지원센터, 2020, p. 62), 이와 관련한 어린이집 영아반과 유아반의 연간 보육계획의 예는 〈표 6-1〉과 〈표 6-2〉에 제시한 바와 같다.

- 제4차 어린이집 표준보육과정과 2019 개정 누리과정에서 추구하는 인간상, 어린이집의 철학, 지역사회의 특성, 개인 수준의 다양성 등을 고려하여 자율적으로 수립한다.
- 학기 초에는 새로운 기관의 인적·물적 환경에 영유아가 쉽게 적응할 수 있도록 적응 프로그램을 계획한다.
- 영유아에게서 발현되는 놀이 경험이 즉각적으로 반영될 수 있도록 하며, 영유아의 놀이 경험에 따라 시기와 기간 등이 변경될 수 있도록 융통성 있게 계획한다.

| 표 6-1 | 제4차 어린이집 표준보육과정에 의한 영아반의 연간 보육계획의 예

월	주	어린이집 행사 * 일 년 동안 어린이집에서 진행하는 행사를 계획하여 기록한다.	영아의 주요 경험 * 계절의 변화, 특별한 국가적 행사, 명절 등에서 예상되는 주요 경험을 기록한다.
3	1~4주	• 입학식 • 신입원아 적응기간	• 어린이집 적응 • 엄마, 아빠와 잘 헤어지기
4	1~5주	• 봄 나들이, • 부모 개별상담	• 우리 반 환경·일과에 익숙해지기 • 선생님, 친구와 친숙해지기 • 봄 날씨 변화 경험하기
5	1~4주	• 어린이날 행사 • 부모참여프로그램	
6	1~4주	• 운영위원회	* 계절과 절기에 따른 영아의 공통된 주요 경험을 유추하기 어려우면 비워 두어도 된다.
7	1~5주	• 물놀이 • 부모교육 • 부모참여프로그램	• 여름 날씨 변화 경험하기
8	1~4주	• 물놀이	
9	1~4주	• 추석 행사	• 추석 음식 경험하기
10	1~4주	• 부모참여수업 • 가을 나들이	• 가을 날씨 변화 경험하기
11	1~4주	• 운영위원회	
12	1~4주	• 부모 개별상담 • 크리스마스 행사	• 겨울 날씨 변화 경험하기
1	1~4주	• 설 행사	
2	1~4주	• 신입원아 오리엔테이션	

〈출처〉 중앙육아종합지원센터(2020). **제4차 어린이집 표준보육과정 놀면서 자란다: 영아 0-2세 보육과정**, p. 77을 재구성함.

｜표 6-2｜ 2019 개정 누리과정에 의한 유아반의 연간 보육계획의 예

월	주	어린이집 행사 * 일 년 동안 어린이집에서 진행하는 행사를 계획하여 기록한다.	유아의 주요 경험 * 계절의 변화, 특별한 국가적 행사, 명절 등에서 예상되는 주요 경험을 기록한다.
3	1~4주	• 입학식 • 신입원아 적응기간 • 운영위원회	• 신입 원아 어린이집 적응
4	1~5주	• 봄 소풍 • 씨앗 심기 • 부모 개별상담	• 계절의 변화 경험하기 (따뜻한 봄 나들이 등)
5	1~4주	• 어린이날 행사 • 인형극 관람 • 부모참여프로그램	• 주요 기념일과 관련된 감사의 마음 전달하기 (어린이날, 어버이날, 스승의 날)
6	1~4주	• 도서관 견학 • 동물원 견학 • 운영위원회	* 계절과 절기에 따른 유아의 공통된 주요 경험을 유추하기 어려우면 비워 두어도 된다.
7	1~5주	• 수영장 가기 • 부모교육 • 부모참여프로그램	• 계절의 변화 경험하기 (여름 날씨, 건강과 위생, 여행 등)
8	1~4주	• 물놀이	
9	1~4주	• 민속잔치(전통놀이, 송편만들기) • 다도 • 운영위원회	• 우리나라에 관심 갖기 (역사, 명절 등)
10	1~4주	• 부모 참여수업 • 가을 소풍	• 계절의 변화 경험하기 (가을 날씨, 곡식, 옷차림 등)
11	1~4주	• 인형극 관람	
12	1~4주	• 부모 개별상담 • 크리스마스 행사 • 운영위원회	• 계절의 변화 경험하기 (겨울 날씨, 자연 변화, 옷차림 등)
1	1~4주	• 졸업사진 촬영	• 새해에 대해 알아보기
2	1~4주	• 졸업 및 수료식 • 신입원아 오리엔테이션	• 우리 반에서 즐거웠던 일 회상하기

〈출처〉 중앙육아종합지원센터(2020). **제4차 어린이집 표준보육과정 놀면서 자란다: 유아 3-5세 보육과정**, p. 63을 재구성함.

2. 월간·주간 보육계획

월간 보육계획은 연간 보육계획에 따른 1개월 내외의 보육계획이고, 주간 보육계획은 연간 보육계획의 목표를 달성하기 위해 1주일의 보육계획을 구체적으로 계획하여 소주제 내용을 활동별로 수립한 것이다. 월간·주간 보육계획은 기관에 따라 자율적으로 통합하여 사용하거나 하나만 선택하여 작성해서 사용할 수 있다. 월간·주간 보육계획은 하나의 놀이 주제를 중심으로 일상생활, 놀이, 활동으로 나누어 작성한다. 월간·주간 보육계획 수립 시 고려사항은 다음과 같고(강민정, 김민정, 배소영, 2018, p. 210; 서울특별시교육청, 2019, p. 41; 중앙육아종합지원센터, 2020, p. 64), 영아반과 유아반의 월간·주간 보육계획의 예는 〈표 6-3〉과 〈표 6-4〉에 제시한 바와 같다.

- 월간·주간 보육계획을 모두 수립하지 않아도 되고 반 별로 하나만 선택하여 작성이 가능하다.
- 계획안의 양식과 내용, 작성 주기는 어린이집과 보육교사의 필요에 맞게 자율적으로 결정할 수 있다.
- 보육교사의 예상 주요 경험에 맞춰 영유아의 흥미와 요구, 놀이, 사전경험, 지역적 특성, 계절 등에 기초하여 수립하되, 상황에 따라 언제든 변경될 수 있다.
- 영아반은 일상생활 지도에서 영아가 경험할 수 있는 탐색과 놀이를 반영한다. 일례로, 안전교육을 집단교육으로 계획했더라도 개별적 상호작용이나 반복적인 놀이로 경험할 수 있도록 변경할 수 있다.
- 영유아의 놀이 실행에 따라 월간·주간 보육계획은 수시로 수정할

수 있으므로 보육교사는 놀이 실행안 중심의 월간·주간 보육계획을 작성하고, 영유아의 놀이를 기록한다. 즉, 보육교사는 영유아가 발현한 놀이를 지원하고 확장하기 위해 영유아의 흥미에 의해 새롭게 추가한 놀이와 관련 자료를 추가로 작성한다.

| 표 6-3 | 제4차 어린이집 표준보육과정에 의한 영아반의 월간·주간 보육계획의 예

<table>
<tr><td colspan="2">월</td><td colspan="4">7월</td></tr>
<tr><td colspan="2">주요 경험</td><td colspan="4">더운 날씨와 놀이 / 비오는 날 놀이
* 보육교사가 예상한 영아의 주요경험과 '비오는 날 놀이'와 같이 영아가 추가한 놀이를 기록한다.</td></tr>
<tr><td colspan="2">변경이유</td><td colspan="4">올 여름 장마가 길어지면서 비오는 날에도 우산을 쓰고 장화를 신고 나가 바깥놀이터를 산책하는 일이 많음</td></tr>
<tr><td colspan="2">주</td><td>7월 1주</td><td>7월 2주</td><td>7월 3주</td><td>7월 4주</td></tr>
<tr><td rowspan="6">놀이
(바깥
놀이
포함)</td><td rowspan="4">더운
날씨와
놀이</td><td>더운 날씨
– 날씨에 따라 달라지는 것</td><td colspan="2">즐거운 물놀이
– 물을 이용한 놀이</td><td>깨끗이 씻기</td></tr>
<tr><td colspan="4">* 영아의 주요 경험을 고려하여 최소한의 계획을 세우고 관련 자료를 제공한다.</td></tr>
<tr><td></td><td colspan="2">– 차 타고 수영장, 할머니집 가요
– 낚시놀이</td><td>– 아기 목욕놀이</td></tr>
<tr><td colspan="4">* 계획한 놀이를 기초로 영아가 만들어 낸 놀이를 추가로 기록한다.</td></tr>
<tr><td rowspan="2">비오는
날</td><td colspan="4">• 장화신고 걸어봐요
• 창 밖 비오는 풍경을 봐요, 천둥소리 들어봐요
• 지렁이, 물웅덩이를 살펴봐요</td></tr>
<tr><td colspan="4">* 영아의 관심으로 새롭게 추가된 놀이를 추가로 기록한다.</td></tr>
<tr><td colspan="2">일상생활</td><td colspan="4">• 비누거품으로 손을 문질러 닦아보아요
• 손 씻은 후 물기를 닦아보아요
• 내 기저귀를 꺼내보아요
• 기저귀 갈기 전 유아용 변기에 앉아 보아요(준비된 영아)</td></tr>
<tr><td colspan="2">놀이자료</td><td colspan="4">산책·여행 사진, 여행용품(모자, 가방, 선글라스 등), 비닐매트, 물놀이용품(비치볼, 튜브, 암튜브 등), 여름과일 퍼즐</td></tr>
</table>

	여러 종류의 모형 자동차, 자동차 길 매트, 운전대, 볼풀장, 물고기 스티커, 낚시놀이, 우비, 장화, 우산, 목욕용품, 수건 * 영아의 관심으로 새롭게 추가된 놀이에 따라 제공한 놀이자료를 추가로 기록한다.
계획 및 일정	22일-방역의 날 29일-소방대피훈련 [보건위생관리교육] 외출 후 깨끗이 몸을 씻어요

〈출처〉 중앙육아종합지원센터(2020). **제4차 어린이집 표준보육과정 놀면서 자란다: 영아 0-2세 보육과정**, p. 79.

표 6-4 2019 개정 누리과정에 의한 유아반의 월간·주간 보육계획의 예

월		8월			
놀이 주제		여행을 떠나요 / 자동차 길 * 보육교사가 예상한 유아의 주요 경험과 '자동차 길'과 같이 유아가 추가한 놀이를 기록한다.			
유아의 주요 경험		유아가 다녀온 여행지에 대해 이야기하다가 여러 가지 탈것에 관심을 보임. 탈것 중에서 자동차가 다니는 여러 가지 길을 만들어 보는 놀이가 진행됨			
주		8월 1주	8월 2주	8월 3주	8월 4주
놀이(바깥놀이 포함)	여행	내가 다녀온 여행지 (여행지 소개)	여행하면서 경험한 것 (무엇을 보았나?)	여행 교통수단 (무엇을 타고 갔나?)	
		* 유아의 주요 경험을 고려하여 최소한의 계획을 세우고 관련 자료를 제공한다.			
		여행할 때 필요한 물건	무엇을 먹었나? 어떤 놀이를 했나?	내가 타 본 것들 여행할 때 '기차'를 타고 갔어요	
		* 계획한 놀이를 기초로 유아가 만들어 낸 놀이를 추가로 기록한다.			
	자동차 길	• 굴러가는 자동차 바퀴 • 여러 가지 길(오르막길, 내리막길, 넓고 좁은 길 등) • 신호등, 표지판 등을 이용한 도로 꾸미기 놀이 • 자동차를 만들고 전시해요 * 유아의 관심으로 새롭게 추가된 놀이를 추가로 기록한다.			

활동	가족과 함께 간 여행 소개하기 자동차가 빠르게 가는 길을 만들려면 어떻게 해야 할까? * 새롭게 추가된 놀이에서 유아의 놀이 지원을 위한 활동을 추가로 기록한다.			
	내가 다녀온 여행을 소개해요	내가 만든 자동차 길	[교통안전교육] 신호등을 보고 건너요	우리가 함께 만든 자동차 길
놀이자료	여행 사진, 여행용품(모자, 캐리어, 가방, 선글라스 등), 우리나라 지도, 물놀이 의상(수영복, 수영모, 물안경 등), 여행 퍼즐 여러 종류의 모형 자동차, 자동차 길 매트, 모형 신호등, 쌓기놀이와 역할놀이 자료, 미술 자료(골판지, 자른 우드락 등), 언어 관련 자료(그림책, 쓰기 도구 등) * 유아의 관심으로 새롭게 추가된 놀이에 따라 제공한 놀이자료를 추가로 기록한다.			
행사일정	4일-수영장 가기 15일-부모참여프로그램(열린어린이집의 날) 22일-손씻기 교육 29일-급식도우미 활동			

〈출처〉 중앙육아종합지원센터(2020). **제4차 어린이집 표준보육과정 놀면서 자란다: 유아 3-5세 보육과정**, p. 65.

3. 일일 보육계획과 보육일지

일일 보육계획안은 일과를 사전에 수립하여 계획한 것이고, 이에 따라 일과를 실행하여 기록하고 평가한 것을 보육일지라고 한다. 보육일지는 일과에 대한 실행기록의 의미보다는 영유아의 놀이 활동에 대한 호기심과 탐색, 변화과정을 지속적으로 관찰·기록하여 차후 계획에 반영함으로써 보다 질적이고 안정적인 보육활동이 이루어질 수 있도록 하는데 목적이 있다. 보육일지는 실내놀이, 바깥놀이, 일상생활로 구성된 일과 중 의미 있는 내용을 중심으로 기록한다. 보육교사는 영유아의 일상생활이나 놀이에서 의미 있는 변화를 발견하고 선택하여 보육일지를 기록함으로써 영유아에게 필요한 놀이와 지원 방안을 계획한다. 따라서 보육일지는 계획한 놀이와 우연히 일어난 놀이, 새롭게 추가된 놀이 등 놀이의 실행을 중심으로 기록한다. 또한, 보육교사는 보육일지에 실행된 놀이에 대한 간단한 평가, 일과 계획에서 변동된 시간 등을 추가로 기록하며, 한 주의 놀이 평가를 바탕으로 다음 주 예상 놀이와 지원 계획 및 특이사항을 기록한다. 보육교사가 일일 보육계획 수립 또는 보육일지를 작성할 때 고려해야 할 사항은 다음과 같고(중앙육아종합지원센터, 2020, p. 80), 〈표 6-5〉와 〈표 6-6〉은 영아반과 유아반의 보육일지의 예시다.

- 보육교사는 일일 보육계획에 따른 영유아의 놀이상황을 관찰함으로써 이를 지원하고자 하는 내용을 간략하게 기록하는 보육일지를 작성할 수 있다.
- 보육일지에는 영유아가 흥미를 보인 놀이, 주요 놀이에 대한 평가 또는 다음 놀이를 위한 지원 계획 등을 기록한다.
- 영아반의 경우, 월령이 낮을수록 보육교사는 개별적인 일과 운영과 놀이 지원에 대한 내용이 포함되도록 구체적으로 작성한다.
- 영유아의 놀이에 대해 작성한 메모, 사진, 놀이 결과물을 활용하여 보육일지에 놀이 관찰 상황을 기록한다.
- 일일 보육계획과 보육일지는 정해진 서식이 없으며, 각 어린이집의 상황에 맞춰 별도 양식을 사용할 수 있다. 어린이집 평가에서 모든 일과를 시간순으로 기록할 필요는 없으나, 실내 놀이시간, 바깥놀이 시간, 낮잠 시간(만 3세 이하) 등은 기재해야 한다고 명시하고 있으므로 어린이집에서는 이를 포함한 양식을 사용한다.

| 표 6-5 | 제4차 어린이집 표준보육과정에 의한 영아반(2세) 보육일지 예

주간보육실행안(2세)

담임	원장

<table>
<tr><td colspan="2">이번 주 예상 놀이</td><td colspan="2">가을 낙엽 놀이</td><td>기간</td><td colspan="2">20**년 11월 8일~20**년 11월 12일</td></tr>
<tr><td colspan="3">통합보육 (7:30~9:00)</td><td colspan="2">기본보육 (9:00~16:00)</td><td colspan="2">연장보육 (16:00~19:30)</td></tr>
<tr><td colspan="2">활동영역 및 분류</td><td>11월 8일(월)</td><td>11월 9일(화)</td><td>11월 10일(수)</td><td>11월 11일(목)</td><td>11월 12일(금)</td></tr>
<tr><td rowspan="4">일상생활</td><td>간식
(9:00~9:30)
(15:00~15:30)

점심 식사·
이 닦기
(11:40~12:10)</td><td colspan="5">• ‘모두 제자리’ 노래 소리에 맞추어 놀잇감들을 정리한다.
• 정리한 후 교사와 함께 화장실에 가서 손을 씻는다.
• 손을 씻은 후 교실로 돌아와 각자 자신의 숟가락이 있는 곳에 앉는다.
• 교사가 급식판을 나누어 주면 ‘잘 먹겠습니다.’ 인사를 한 후 스스로 숟가락과 포크를 이용해 밥을 먹는다.
• 밥을 먹은 후 교사의 도움을 받아 마무리한 후 스스로 숟가락과 포크를 수저 집에 넣어 정리한다.
* 점심 식사 후 자리 정돈/ 휴식 전 교실 정리함
• 교사와 함께 화장실로 간다.
• 바구니에서 자신의 치약과 칫솔을 찾아 칫솔에 죽염이나 치약을 묻혀 스스로 양치질을 해본다.
• 교사의 도움을 받아 양치를 마무리한 후 양치 컵에 물을 받아 물로 입을 헹군다.
• 세수를 한 후 양치 도구를 바구니에 가져다 놓는다.</td></tr>
<tr><td>배변활동
(상시)</td><td colspan="5">• 배변 의사가 있거나 실외 활동, 식사 시간 전후로 교사와 함께 화장실에 간다.
• 스스로 옷을 벗을 수 있는 영아는 옷을 벗어 변기에 앉아 배변을 한다.
• 교사의 도움을 받아 옷을 벗어 변기에 앉아 배변을 한다.
• 교사의 도움을 받아 옷을 입고 손을 깨끗하게 씻는다.</td></tr>
<tr><td>낮잠 및 휴식
(13:00~14:50)</td><td colspan="5">• ‘모두 제자리’ 노래 소리에 맞추어 놀잇감들을 정리한다.
• 자신의 이불을 찾아 잠을 자고 싶은 장소를 정하여 스스로 이불을 깐다.
• 이불에 앉아 선생님께서 들려주는 동화를 듣는다.
• 블라인드를 치고 낮잠 음악을 들으며 잠을 청한다.
• 잠이 오지 않는 영아들은 교사의 도움을 받아 잠을 청해본다.
• 잠에서 깬 영아들은 조용히 놀이를 한다.
* 점심 식사 후 교실 전체 환기함</td></tr>
<tr><td>대체식</td><td>대체식 없음</td><td>대체식 없음</td><td>대체식 없음</td><td>대체식 없음</td><td>대체식 없음</td></tr>
</table>

<table>
<tr><td></td><td>평가</td><td>00가 컨디션이 좋지 않은지 밥을 먹다 그만 먹고 싶다고 표현하는 모습이었다. 밥을 조금 더 먹어볼 수 있도록 도와준 후 정리하였다.</td><td>열무청을 먹는 교사의 모습을 보여주며 이를 먹어볼 수 있도록 하니 영아들도 열무청을 먹는 모습을 보였다. 00가 월요일부터 입맛이 없는지 식사량이 많이 줄어든 것 같다.</td><td>볶음밥이 나왔는데 000이 먹고 싶어 하지 않았다. 조금은 먹어보도록 권유하였더니 조금 맛을 본 후 안 먹겠다고 표현하였다. 오후 간식으로 나온 떡볶이는 맛있게 먹었다.</td><td>실외활동을 하기 전 화장실에 가서 소변을 보도록 하였다. 영아들이 화장실에 가서 스스로 옷을 벗고 소변을 본 후 옷을 입고 왔다. 교사가 옷매무새를 챙겨주고 외투와 양말을 신겨 주었다.</td><td>밥을 먹다 기침을 하는 영아가 있어 소매로 입을 막고 기침하도록 알려주고, 음식물이 튀지 않도록 휴지나 교사의 소매로 가려 주었다.</td></tr>
<tr><td rowspan="2">놀이</td><td rowspan="2">실내·외 놀이
(9:30~10:40)
(12:10~12:40)
(15:30~16:00)
/
(10:40~11:20)</td><td colspan="5">LED 글씨판, 영아 이름쓰기판, 나뭇잎 붙이기판과 나뭇잎, 시트지, 낙엽, 생일 현수막, 생일 케이크, 다양한 역할놀이 도구</td></tr>
<tr><td colspan="5"> 
 </td></tr>
</table>

요일	날씨	미세먼지	놀이 평가·다음날 지원 계획
11/8 월	비	좋음	〈자동차 놀이, 그림책 놀이, 병원놀이, 풍선 놀이를 해요〉 갑자기 결석이 많아져서 그런지 영아들이 놀이를 조용히 하는 분위기였다. 자동차를 가지고 놀이를 하기도 하고 그림책을 가지고 와서 교사에게 읽어달라고 표현하기도 하였다. 블록으로 긴 기차를 만들어 아기 인형들을 태워주기도 하고 친구들이 타고 싶다고 하면 잠시 고민을 하다 잠깐만 타야 한다며 태워주기도 하였다. 교사에게 병원에 오라며 주사를 놓아주고 붕대를 감으라고 건네주기도 하였다. 교사가 머리에 붕대를 감싸는 것을 보고 영아들이 자신의 팔에 감아달라고 표현하기도 하였다. 교사가 병원이라고 하는 곳에 눕자 주사를 놓고 청진기를 대어보기도 하며 즐겁게 놀이하였다. 비가 와서 실외 대체활동을 실시하였다. 영아들이 조용히 앉아서 놀이하는 모습을 보여 평소에 좋아하는 풍선을 제공해주었다. 영아들이 풍선을 보고 크게 불어달라고 하여 크게 불어주자 매우 좋아하며 풍선에 이름을 써달라고 하였다. 교사가 풍선에 이름을 써주니 "이건 내 이름이야."라고 말하며 친구들에게 풍선을 보여주었다. 자신의 이름을 쓴 풍선을 보며 좋아하고 풍선을 높이 던지기도 하고 풍선을 공중에서 쳐 떨어뜨리지 않도록 노력하기도 하는 모습이었다.
11/9 화	비	좋음	〈풍선 정전기 놀이, 낙엽놀이, 소방대피훈련 실시〉 어제 가지고 놀이하였던 풍선을 가지고 높이 던지다 보니 정전기 때문

			에 풍선이 천장에 붙었다. 영아들이 매우 신기해하며 다시 풍선을 높이 던졌는데 천장에 붙지 않자 "이거 어떻게 해?"라고 물어보았다. 교사가 영아의 머리에 풍선을 비벼 정전기를 일으킨 다음 다시 던져볼 수 있도록 하였다. 영아가 던진 풍선이 다시 천장에 붙자 신기해하였다. 교사가 만든 양모 놀잇감을 던져 풍선에 맞추어 풍선을 떨어뜨리기도 하며 풍선을 천장에 붙였다 떨어뜨리기를 반복하였다. 영아가 딱딱한 놀잇감을 던지려고 하여 딱딱한 것은 다른 친구들이 맞을 수 있고, 맞으면 아프다고 알려주었다. 영아들이 말랑한 놀잇감을 골라 던졌다. 비가 와서 실외 활동을 할 수 없어 영아들과 함께 낙엽을 가지고 놀이를 하였다. 지난주에 실외활동을 할 때 낙엽 놀이를 하였던 것 같이 낙엽을 뿌리며 놀이를 하였다. 점프를 하며 낙엽을 뿌리기도 하고, 낙엽 위에 누워 수영을 하는 시늉을 하기도 하고, 낙엽 위에서 팔 다리를 흔들어 천사를 만들어 보기도 하며 놀이를 하였다. 영아들이 낙엽 위에서 즐겁게 놀이를 하였다. 소방대피훈련을 실시하였는데 영아들이 "불이야" 소리를 듣고 놀이하던 놀잇감을 내려놓고 입을 막고 계단으로 빠르게 내려갔다.
11 /10 수	비온 뒤 맑음	좋음	〈낙엽으로 나무를 만들어요, 낙엽 비가 내려요, 병원놀이〉 전지에 큰 나무를 그려주어 그 위에 낙엽을 붙여보자고 제안하였다. 처음에는 영아들이 관심을 가지지 않아 "00아, 다람쥐를 그려볼까?"하며 다람쥐를 그리니 "이거 00이야?"하며 좋아하였다. 다른 영아들이 다가와 "00이 코끼리도 그려줘요.", "00이 티라노사우르스를 그려줘요.", "00는 강아지 그려줘요."라고 이야기를 하였다. 교사가 그림을 그려주니 나무에 관심을 갖는 모습이었다. 교사가 "나무가 너무 추운가 봐. 잎으로 덮어주자."고 이야기하니 "나무가 춥대?" 하며 풀로 낙엽을 발라 그림 나무에 붙여주며 "나무 이제 안 춥대?"라고 이야기를 하였다. 영아들이 오래 집중하지 않아 잠시 활동을 한 후, 화이트보드가 있는 쪽에 붙여주고 낙엽과 풀을 비치해 주어 언제든 붙여볼 수 있도록 두었다. 비가 온 뒤 기온이 많이 떨어져 실외 대체활동을 실시하였다. 영아들이 어제 가지고 놀이하였던 낙엽을 가지고 놀이를 하였다. 봉투에 들어있던 낙엽을 쏟아내어 "여기가 낙엽나라야."라고 이야기를 하며 낙엽을 뿌리며 놀이하였다. 교사가 "낙엽비가 내린다."라고 이야기하는 것을 듣고 우산을 가지고 와서 "내 머리 위에 뿌려주세요."라고 이야기 하였다. 교사가 장바구니에 낙엽을 담아 00의 머리에 뿌려주자 다른 친구들도 우산을 가지고 와서 "낙엽비를 뿌려주세요."라고 이야기하였다. 00이 "이번엔 내가 뿌려줄게."라고 이야기하며 장바구니에 낙엽을 한가득 담아 와서 우산을 들고 있는 친구의 머리에 뿌렸다. 영아들이 머리 위로 내리는 낙엽을 맞으며 매우 좋아하였다. 영아들이 낙엽 놀이를 하는 동안 한쪽에서는 병원놀이를 하였다. 교사를 초대하여 주사를

			놓고 머리에 붕대를 감아주고 자신의 팔에도 붕대를 감아달라고 이야기 하였다. 교사는 환자 역할을 하기도 하고, 낙엽을 모아 OO에게 주기도 하며 놀이를 하였다.
11 /11 목	맑음	좋음	**〈모양 무를 찍어서 피클을 만들어요, 동물들을 그려요, 스티커로 나무를 꾸며요, 무를 수확해 봐요〉** 결석하던 OOO이 등원을 하였다. 어제 친구들이 낙엽으로 나무를 만든 것에 관심을 보이며 "어? 코끼리도 있네?"라고 이야기하였다. 교사가 "OO 코끼리야, OOO이 다람쥐도 있고 △△ 강아지도 있고 ◇◇이 공룡도 있어."라고 이야기를 하니 "OOO이 고양이도 그려줘요."라고 이야기하였다. 교사가 고양이를 그려주니 OOO이 다가와 호랑이, 사자, 곰을 그려달라고 하였다. 영아들의 이야기로 낙엽 나무의 주변에는 다양한 동물들이 모이게 되었다. 교사가 미리 준비한 모양 무를 보고 관심을 보여 OO이 먼저 활동을 시작하였고 △△, ◇◇, □□가 다가와 함께 무를 찍기틀로 찍어 다양한 모양을 만들었다. 만든 모양 무는 피클로 만들어 먹자고 이야기하니 "나는 피클 안 좋아하는데."라고 이야기를 하기도 하였다. 교사가 월요일에 함께 꺼내보자고 이야기를 하였다. 스티커를 보고 관심을 보여 나무에 붙여 볼 수 있도록 하였다. 나무에 붙이다 종이에 붙여 집에 가지고 가고 싶다고 하여 잎이 없는 나무를 프린트하여 제공해 주었다. 영아들이 스티커로 나무의 잎사귀를 표현하였고 그 위에 이름을 쓰고 가방에 넣었다. 콧물이 나는 영아들이 있어 실외활동을 하지 않으려고 하였는데 창밖에서 동생들이 놀이하는 소리를 듣고 창밖을 보며 영아들이 나가고 싶어 하는 모습을 보였다. 단단히 챙겨 입자고 이야기를 한 후 옷을 잘 입고 모자를 쓰고 실외활동을 하였다. 무를 수확하기 위해 교사가 잎을 한꺼번에 잡아 영아들에게 잎을 잡을 수 있도록 쥐어주고 무를 뽑을 수 있도록 하니 힘을 주어 뽑는 행동을 보였다. 무를 보고 "아까 무는 컸는데? 이거는 작네?"라고 하며 크기를 비교하기도 하였다. 빗자루를 보고 관심을 보이며 해보고 싶어 하였다. 교사가 낙엽을 쓰는 것을 보여주니 낙엽을 쓸기도 하고 한곳에 모아 보려고 하기도 하였다. '무궁화꽃이 피었습니다'를 잠시 하다 보육실로 들어와 휴식을 취하였다.
11 /12 금	맑음	좋음	**〈변신하는 자동차 카드놀이, 동화책 보고 클레이 만들기〉** OO이 변신하는 자동차를 가지고 놀이하다 자동차와 같은 카드를 찾아 보였다(교사가 더 많은 카드를 꺼내주었는데 거기에 변신자동차 카드놀이 하는 방법이 있었다). 교사가 방법을 설명해주니 OO이 20, 30, 40이 쓰인 카드를 같은 숫자끼리 맞추어서 쌓았다. 영아들이 동화책을 가지고 와서 읽어 달라고 하여 읽어주니 영아들이 관심을 가지고 교사의 주변에 모여 앉아 동화를 들었다. 그 동화책은 색깔이가 섞여 다른 색이 되는 내용이었는데 영아가 클레이를 꺼내 동화책을 보고 만들어보

	고 싶어 하였다. 교사의 도움을 받아 동화책에 나온 주황색 감을 만들었다. △△은 다른 동화책에 나온 리무진을 보고 빨간색 리무진을 만들고 싶다며 만들었다. 영아들의 놀이가 조금씩 구체화 되고 있고 동화책을 보며 실제로 만들어보기도 하면서 응용을 하기도 하는 행동이 많이 나오는 것 같았다. 콧물이 나고 감기 기운이 있는 영아들이 있어 실외활동을 하지 못하였다. 대체활동으로 동요를 틀어주고 풍선을 이용해 놀이를 하였다. 천장에 달린 풍선을 푹신한 장난감을 던져 맞추어 보기도 하며 영아들의 에너지를 방출할 수 있도록 도와주었다.
예상 놀이 및 지원계획	이번 주는 감기로 결석이 많아 출석하는 영아들이 적었다. 평소보다 영아들의 이야기를 들어주고 요구를 하나하나 들어줄 수 있는 여유로운 한주였던 것 같다. 감기로 콧물이 나는 영아들이 있어 따로 식사를 할 수 있도록 도와주었는데 다음 주에 영아들의 컨디션과 상태를 보고 나누어 식사를 할 수 있도록 도와주어야 할 것 같다. 또한 감기에 걸린 영아들이 많아 실외활동이 가능한지 고려해본 후 짧게나마 동네를 탐색하고 다양한 가게에서 몸을 녹이며 활동하도록 해야 할 것 같다.
소방 및 안전교육	〈재난대비 – 도와줘요! 119〉 영아들에게 "불이 날 경우와 아픈 사람이 있으면 어떻게 하지?"라고 물어보니 "병원차가 와요!"라고 이야기를 하였다. 불이 날 때는 소방차가 온다고 하며 블록으로 소방차와 병원차를 만들어 사이렌 소리를 내면서 보육실을 돌아다녔다.
부모님 전달사항	
비고	(건강) 일과 중 수시로 환기함 (건강) 일과 중 틈틈이 손 씻기를 할 수 있도록 안내함 (건강) 마스크 착용을 바르게 할 수 있도록 안내함 보육실 청소/장난감 소독 – 매일(오전 – 8:30/오후 – 17:00) 양치도구/침구 – 가정으로 보냄

* 컨디션과 등원시간에 따라 달라질 수 있음.
* 붉은색은 교사의 놀이지원 내용임.

〈출처〉 P구립어린이집 2세 보육일지를 재구성함.

표 6-6 2019 개정 누리과정에 의한 유아반(5세) 보육일지의 예

<table>
<tr><td rowspan="2">보육일지(5세)</td><td>담임</td><td>원장</td></tr>
<tr><td></td><td></td></tr>
</table>

<table>
<tr><td>기간</td><td colspan="3">20**년 8월 29일～31일</td></tr>
<tr><td>활동영역 및 분류</td><td>8월 29일(월)</td><td>8월 30일(화)</td><td>8월 31일 (수)</td></tr>
<tr><td>등원 및
통합보육
7:30~9:00</td><td colspan="3">• 선생님과 반갑게 인사한 후 자유롭게 놀이한다.
• 기본생활 – 기침을 할 때는 소매로 입을 가리고 해요.
• 등원 전 교실을 환기시키고, 등원하는 유아와 반갑게 맞이한다.
• 소지품(가방, 옷 등)을 정리하고 약의 유무를 확인한다.
• 유아의 기분과 건강 상태를 확인하고 통합 보육실에서 자유놀이를 한다.
※ 교실환기 – 보육실 창문을 열어 환기시키기
• 등원 후 열 체크와 손을 깨끗이 씻은 후 소독 젤을 바르도록 안내함</td></tr>
<tr><td rowspan="5">오전 자유놀이
· 오전 간식
9:00~10:20</td><td colspan="3">▶ 오전 간식(식단표 참고) – 등원한 순서대로 오전 간식을 먹은 후 자유놀이를 한다.
• 화장실에 다녀오고 비누로 깨끗이 손을 씻는다.
※ 교실환기 – 보육실 창문을 열어 환기시키기
• 간식을 먹은 후 자신이 사용한 간식 접시와 포크를 정리한다.</td></tr>
<tr><td>[비고] 특이사항 없음</td><td>[비고] 특이사항 없음</td><td>[비고] 특이사항 없음</td></tr>
<tr><td colspan="3">▶ 오전 자유놀이
• 자신이 하고 싶은 놀이를 선택 후 놀잇감을 가지고 자유롭게 놀이하도록 돕는다.
• 교사의 도움이 필요한 놀이에 개입하며 적절하게 상호작용하며 활동을 돕는다.</td></tr>
<tr><td colspan="3">• 지난주에 역할영역에서 아이스크림 가게 놀이를 할 때 많은 유아가 함께 참여하고 싶어 하였는데, 역할영역이 좁기도 하고 수요일에 갑자기 코로나19 상황이 발생하여 유아들이 참여하지 못하였다. 이번 주에 한 번 더 놀이할 수 있도록 놀잇감을 정리하지 않고 계속 제공해 주었다.
→ 지난주에 사장님 역할을 해보지 못했던 유아들이 사장님 역할을 해보며 즐겁게 놀이에 참여하였다.</td></tr>
<tr><td colspan="3">[역할영역 – '북극곰 로라' 역할극을 해요]
• 책속에 나와 있는 삽화를 이용하여 역할극 머리띠를 만들어 제공해주었다.
→ 유아들은 각자 원하는 역할을 선택하여 머리띠를 쓰고 역할놀이를 하였는데 책의 내용이 길고 어렵다고 하여 꼭 책의 내용과 똑같이 놀이하지 않아도 된다는 것을 알려주었고, 북극에 사는 로라였다면 어떤 말을 할지 생각해 보고 주변의 친구들과 어떤 대화를 나누며 살아갈지 생각해 보고 놀이할 수 있도록 격려하였다.</td></tr>
</table>

[쌓기영역 – 블록으로 빙하지대를 만들어요]

• 빙하지대의 사진 자료와 함께 얼음결정 모양의 스펀지 블록을 제공해주었다.

→ 스펀지 블록을 쌓아서 이글루 모양을 만들기도 하고, 스펀지 블록 안의 작은 블록을 꺼내 홈을 만든 후 얼음낚시 놀이를 하는 모습도 볼 수 있었다. 로라의 머리띠를 쓰고 스펀지 얼음 위에 올라가 앉아서 친구에게 "얼음이 녹고 있어. 도와줘!" 라고 말하기도 하였다.

[수/조작영역 – 모양 조각으로 아이스크림을 만들어요]

• 아이스크림 모양 만들기 기본판과 함께 지난주에 유아들이 만들었던 지시판을 계속해서 제공해주었다.

→ 유아들은 기본판 위에 도형을 놓아 아이스크림을 만드는 것뿐만 아니라, 도형을 이용해서 새로운 모양(자동차, 공룡, 보석 등)을 만드는 놀이를 하기도 하였다.

[과학영역 – 지구 온난화에 대해 알아봐요]

• 지구 온난화와 탄소 저감에 관련된 자료들을 과학영역에 제시해 주고, 유아들이 사진 자료와 설명을 살펴볼 수 있도록 하였다.

→ 놀이 중 한 번씩 사진 자료를 자세히 관찰하기도 하고, "자동차를 많이 타고 다니면 지구가 점점 더 더워져요. 그래서 자전거를 타야 돼요. 그렇죠?"라고 탄소 저감 운동 실천방법에 대해 말하기도 하였다.

[언어영역 – 내가 좋아하는 아이스크림 이름을 써요]

• 지난주에 했던 활동지에 새로운 아이스크림 사진과 이름을 써서 제공해주었다.

→ 새로운 아이스크림이 있으니 유아들이 다시 관심을 가지고 활동지를 살펴보고 글자를 따라서 써보는 것을 관찰할 수 있었다.

[언어영역 – 북극곰이 뭐라고 얘기할까요?]

• 〈북극곰의 눈물〉 영상을 본 뒤 북극곰의 사진을 벽면에 제시하여 주고 북극곰 사진을 넣은 활동지를 준비하였다.

→ 북극곰은 사람들에게 어떤 말을 할 것 같은지 물어본 뒤 유아들의 대답을 말풍선 안에 써볼 수 있도록 하였다. 글자를 쓰기 어려워하는 유아들은 교사가 글자를 적어주고 보고 따라 쓸 수 있도록 하였다. 〈전기를 아껴 써주세요〉, 〈개인 자동차 대신 대중교통을 이용해 주세요〉, 〈쓰레기를 줄여주세요〉, 〈우리 집을 지켜주세요〉라고 쓰는 것을 볼 수 있었다.

[미술영역 – 색종이로 부채를 만들어요]

• 아이스크림 가게 놀이 중 갑자기 정전이 되었는데, 유아들이 덥다고 하며 부채를 만들겠다고 하였다.

→ 부채 접기를 알고 있는 유아들이 놀이를 먼저 시작하였고, 그 모습을 보며 따라서 만들기도 하였다.

[미술영역 – '북극곰 로라와의 인터뷰' 동극을 준비해요]

• 동화 '북극곰 로라와의 인터뷰' 책의 내용이 대본 형식으로 쓰여 있어서 유아들과 다 함께 '북극곰 로라와의 인터뷰' 동극을 해보면 재미있을 것

<table>
<tr><td rowspan="2"></td><td colspan="3">같았는데, 코로나19로 가정 돌봄을 하는 유아들이 많아서 동극을 하기에는 인원이 모자랐다. 기회가 되면 다음에 꼭 이 책의 내용으로 동극을 해보면 재미있을 것 같다.</td></tr>
<tr><td colspan="3">[음률/신체영역–'북극곰을 지켜주세요'를 들으며 자연물 마라카스로 연주해요]
• 음률영역에 가사판을 제시해 주고, 자유놀이 시간에 음원을 작게 해서 계속 틀어주었다.
→ 새노래를 배우는 시간에 유아들이 빨리 노랫말과 멜로디를 따라 부르는 것을 관찰할 수 있었다.</td></tr>
<tr><td>정리 · 화장실 다녀오기
10:20~10:30</td><td colspan="3">• 자기가 가지고 놀았던 놀잇감 정리하기
• 화장실에 다녀온 뒤 손을 비누로 깨끗이 씻기</td></tr>
<tr><td rowspan="2">대소집단활동
10:30~10:50</td><td rowspan="2">[원격수업]
디베르 독서활동–
디베이트
〈스톤헨지 놀이터에는 부모님이 안 계시는 것이 좋다〉</td><td rowspan="2">[00반 행사]
'아이스크림 가게 놀이'를 해요</td><td>[동화]
'밀가루 학교'를 읽어요
(X)
[동화]
'북극곰 로라와의 인터뷰'를 읽어요(O)</td></tr>
<tr><td>[게임]
신문지를 접어요</td></tr>
<tr><td>바깥놀이
(대체)
10:50~11:50</td><td colspan="3">화분에 물을 주며 김장 재료를 탐색해요(생태활동)
[실내 대체활동] 신문지 접기 놀이</td></tr>
<tr><td rowspan="2">점심 /
양치하기
11:50~13:00</td><td colspan="3">• 우리나라 김치에는 유산균이 들어있어요 〈건강, 영양〉
• 음식을 골고루 먹을 수 있도록 격려한다.
• 식사 후 주변을 스스로 정리정돈할 수 있도록 돕는다.
※ 교실환기 – 보육실 창문을 열어 환기시키기
• 손 씻기 전 체온 측정함
• 유아들이 코로나를 예방하기 위해 손을 바르게 씻을 수 있도록 안내함
• 코로나19로 양치질은 하지 않음(유아 간 비말이 튀지 않도록 하기 위해)</td></tr>
<tr><td>[비고] 특이사항 없음</td><td>[비고] 특이사항 없음</td><td>[비고] 특이사항 없음</td></tr>
<tr><td>휴식 ·
오후 자유놀이
13:00~14:20</td><td colspan="3">• 식사 후 피곤한 유아들은 조용한 곳에서 쉴 수 있도록 배려하고, 쉬고 싶지 않은 유아들은 조용한 활동을 할 수 있도록 지도한다.
▶ 오후 자유놀이
• 자신이 하고 싶은 놀이를 선택 후 놀잇감을 가지고 자유롭게 놀이하도록 돕는다.
• 교사의 도움이 필요한 놀이에 개입하며 적절하게 상호작용을 하면서 활동을 돕는다.</td></tr>
</table>

<table>
<tr><td>정리 · 화장실 다녀오기
14:20~14:30</td><td colspan="3">• 자신이 놀이했던 놀잇감을 스스로 정리하기
• 화장실에 다녀온 뒤 손을 비누로 깨끗이 씻기</td></tr>
<tr><td>대 · 소집단 활동
14:30~14:50</td><td>[디베르 활동]
메머드가 그린 벽화와 나만의 놀이터 만들기를 완성해요</td><td>[이야기 나누기]
정전사고는 왜 일어날까요?</td><td>[안전교육]
[비상대응훈련] 태풍 비상대응</td></tr>
<tr><td>화장실 다녀오기
14:50~15:00</td><td colspan="3">• 화장실에 다녀온 후 손을 비누로 깨끗이 씻기
– 손 씻기 전 체온 측정함
– 유아들이 코로나를 예방하기 위해 손을 바르게 씻을 수 있도록 안내함</td></tr>
<tr><td rowspan="2">오후 간식
15:00~15:30</td><td colspan="3">• 화장실 다녀오기와 손 씻기: 식사 전 손 씻고 핸드타월로 닦기
• 포크나 수저를 사용하여 스스로 먹을 수 있도록 돕는다.
※ 교실환기 – 보육실 창문을 열어 환기시키기</td></tr>
<tr><td>[비고] 특이사항 없음</td><td>[비고] 특이사항 없음</td><td>[비고] 특이사항 없음</td></tr>
<tr><td>귀가지도 · 통합보육
15:30~17:00</td><td colspan="3">• 자유롭게 활동하도록 돕고, 긍정적 상호작용하기
• 오전에 실행하지 못한 활동이나 진행한 활동을 연계하여 자유롭게 진행하기
• 귀가 준비를 하고 유아와 함께 경험한 놀이에 대해 이야기나누기 → 통합보육실로 이동하기(특이사항 전달하기)
• 창문을 열어 환기시키고 교실을 청소하고 정리정돈을 한다.
• 귀가: 선생님 도움을 받아 옷매무새 정리하기 / 가정– 어린이집에서 지낸 일을 말해보기</td></tr>
</table>

<table>
<tr><th colspan="3">놀이 평가 · 다음날 지원 계획</th></tr>
<tr><th>월</th><th>화</th><th>수</th></tr>
<tr><td>지난주에 코로나19 상황으로 연기된 원격수업을 오늘 하였음

〈원격수업–디베르활동〉
모의수업을 해 본 결과 40분 이내에 준비한 내용을 모두 소화하기에 시간적 제약이 있을 것으로 판단되어 활동 중 몇 가지는 가정에서 부모님과 해볼 수 있도록 안내하기로 하고, 마지막으로 모든 유아가 자신의 생각을 발표해볼 수 있도록 시간을 주기로 하였다.</td><td>〈00반 행사 – 아이스크림 가게 놀이를 해요〉
유아들이 아이스크림 가게 놀이에 계속해서 흥미를 보이고 있어서 영역을 넓혀 다 같이 아이스크림 가게 놀이에 참여해 보기로 하였다. 가게 사장님을 안 해본 유아가 있어서 먼저 사장님을 해보기로 하였고, 다음 놀이 때에는 가위바위보 순서대로 해보기로 하였다. 사장님 역할을 맡은 유아가 직원도 필요하다고 하여 한 명의 유아가 더 직원이 되기로 하였고, 나머</td><td>〈동화 – '북극곰 로라와의 인터뷰〉
동화 '북극곰 로라와의 인터뷰'를 읽어주었다. 동화를 읽은 후 빙하가 녹고 바닷물이 점점 따뜻해져서 물고기를 잡기도 어려워진 이유가 바로 사람들이 석유와 석탄을 사용하여 이산화탄소가 많이 발생하기 때문이라는 것을 알 수 있었다. 그런 환경에서 살고 있는 북극곰 로라의 입장은 어떨지 이야기를 나눈 뒤 신문지 접기 게임을 해보았다.</td></tr>
</table>

수줍어하는 유아들도 있었지만 대체로 교사의 질문에 손들고 자신의 생각을 잘 발표하였다. 글씨를 잘 모르는 유아들을 위해 텍스트 상자를 공유하여 글씨를 보여주며 수업을 진행하였는데 시간이 조금 모자라 교실에서 수업에 참여했던 유아들은 마무리하지 못하였고, 점심식사 후 못한 부분을 교사와 함께 마무리하였다.

각 가정에서 해보기로 했던 〈매머드가 그린 벽화〉 부분과 〈나만의 놀이터 만들기〉는 자유놀이 시간에 개별 놀이로 마무리하였다.

〈디베르 활동 – 매머드가 그린 벽화, 내가 만든 놀이터 완성하기〉
원격수업 시간이 부족하여 수업 시간 내에 마무리하지 못했던 부분은 개별적으로 따로 할 수 있도록 지도하였다. 석기시대에 살았던 사람들이 그렸던 벽화들이 지금도 남아있다는 것을 이야기하며 만약 석기시대에 살았다면 어떤 것들을 그림으로 남기고 싶은지 그려볼 수 있도록 하였다. 또, 스티커를 이용하여 나만의 놀이터를 만들고 놀이터의 이름을 지어보도록 하였다. 유아들은 무지개 놀이터, 공룡 놀이터, 돌멩이 놀이터 등 재미있는 제목의 놀이터를 만들었다.

지 유아들은 예전에 북카페 놀이를 했을 때처럼 손님이 되어 아이스크림 가게를 방문해 보기로 하였다. 놀이가 시작되고 유아들이 한 명씩 아이스크림 가게에서 아이스크림을 사고 있었는데 갑자기 교실 불이 꺼지고 에어컨이 멈췄다. (오전에 전기공사로 정전이 될 것이라는 안내방송이 있었음)

놀이 영상을 찍고 있던 교사가 괜찮은지 물어보니 유아들 모두 괜찮다면서 아이스크림 가게 놀이를 계속하고 싶다고 하여 유아들이 하고 싶은 만큼 계속해서 놀이할 수 있도록 하였다.

창문을 열고 바람이 통할 수 있도록 하였는데도 시간이 지날수록 덥다고 하는 유아들이 많아서 시원한 물을 마실 수 있도록 하였다. 부채를 만들면 좋을 것 같다고 하며 색종이로 부채를 만들어서 서로 부채질을 해주며 놀이하기도 하였다.

〈이야기 나누기 – 정전사고는 왜 일어날까요?〉
오전에 전기 검사가 있다고 안내방송이 나오긴 했지만 놀이 중 갑자기 정전되었고, 잠깐이 아니라 30분 이상 정전이 되다 보니 시간이 갈수록 유아들이 힘들어하는 모습을 볼 수 있었다. 또, 동화 〈달 샤베트〉에서도 여름밤에 갑자기 정전이 되었었는데 이렇게 갑자기 정전

〈게임 – 신문지를 접어요〉
친구와 함께 둘씩 짝을 지어 신문지 접기 게임을 하며 점점 좁아지는 땅 위에 서 있는 것이 얼마나 어려운지 체험해 보았다. 게임 후 북극곰들의 마음을 이해할 수 있을 것 같다고 말하였고, 북극곰들을 도와주기 위해서 우리도 에너지를 절약해야겠다고 말하였다.

〈안전교육 – 태풍 비상대응〉
태풍이 부는 날 위험한 상황에 대해 생각해 보고, 멀티 영상자료를 함께 보며 태풍으로 인한 피해를 예방하기 위한 방법에 대해 알아보았다(베란다 화분 들여놓기, 창문틀 테이프로 고정하기, 외출 삼가기, 외출 시 우산보다는 우비입기). 만약, 어린이집에 있을 때 태풍이 온다면 불안해하지 말고 부모님이 데리러 오실 때까지 침착하게 선생님과 기다릴 수 있도록 이야기를 나누었다.

놀이지원:
유아들이 지구 온난화와 에너지 절약에 관심을 갖게 되었는데, 어떻게 하면 이 관심을 좀 더 오랫동안 가지고 놀이할 수 있는지를 고민해 보았고, 유아들이 가장 흥미를 보이는 북극곰을 주제로 놀이하면 좋을 것 같다는 생각이 들었다. 그래서 동화 '북극곰 로라와의 인터뷰'를 준비하였고, 벽면에는 북극

<table>
<tr>
<td>놀이지원:
지난주에 갑자기 코로나 상황이 발생하여 등원하지 못한 유아들이 많았고, 유아들이 관심을 가졌던 아이스크림 가게 놀이를 활성화하지 못하였다. 이번 주에 등원한 유아들에게 물어보니 다시 한 번 아이스크림 가게를 열고 싶다고 하여 9월에 미리 계획하였던 〈가루야 놀자〉 주제는 잠시 미뤄두고 유아들이 관심을 보이는 아이스크림 가게 놀이를 조금 더 해볼 수 있도록 하였다.

내일 활동 계획 :
00반 행사
〈아이스크림 가게 놀이〉</td>
<td>이 되니 너무 신기하다고도 하였다. 여름철에 특히 정전이 많이 되는 이유에 대해 유아들과 이야기를 나누고 싶어 빨리 자료를 준비하였고, 영상을 본 후 정전이 되는 이유에 대해 이야기를 나누었다.

유아들과 정전되는 이유에 대해 이야기를 하는 중 에너지를 너무 많이 써서 북극곰이 살 집이 없어진다는 이야기를 한 유아가 있었다. 에너지 절약과 북극곰과의 관계를 잘 이해할 수 있도록 내일은 관련 동화책을 준비해야겠다.

놀이지원:
아이스크림 가게 놀이를 다 같이 하기 위해 영역을 넓혀주었고 놀이 중 정전이 되었을 때 유아들이 당황하지 않도록 차분하게 정전에 대해 설명해주었다. 유아들이 너무 더워서 부채를 만들고 싶다고 하여 함께 부채를 접어보았다.

내일 활동 계획:
동화 〈북극곰 로라와의 인터뷰〉 읽기
안전교육 〈태풍 비상대응〉</td>
<td>의 환경과 북극곰으로 꾸며주었다. 북극곰이 아주 작은 얼음조각 위에 올라타고 있는 그림을 붙여주었고, 같은 크기의 얼음조각 여러 개를 잘라서 아래칸에 넣어놓았다. 유아들이 벽면의 북극곰의 그림을 보며 바다에 빠질 것 같은 북극곰이 너무 불쌍하다고 말하였다.

내일 활동 계획:
이야기 나누기 〈북극곰 로라를 지켜주기 위해 우리가 무엇을 할 수 있을까요?〉
새노래 〈북극곰을 지켜주세요〉
– 북극곰의 눈물 영상자료 준비
– 노래 가사판과 음원 준비</td>
</tr>
</table>

* 컨디션과 등원시간에 따라 달라질 수 있음
* 붉은색은 유아의 흥미로 추가된 활동이며, 푸른색은 코로나19로 인한 위생 점검 내용임

〈출처〉 N구립어린이집 5세 보육일지를 재구성함.

07
CHAPTER

보육실습생의 문서 실무

7 CHAPTER

보육실습생의 문서 실무

1. 보육실습일지 기록

보육실습일지는 보육실습 기간 동안 보육실습생이 작성하는 기록이다. 보육실습일지는 단지 실습한 사건만을 기록하는 것이 아니라 그것을 통해 무엇을 배웠는지, 어떤 생각을 했는지, 실습지도교사는 어떤 조언과 평가를 했는지 등 보육실습생의 반성적 사고와 평가가 모두 기록된다. 보육실습일지를 통해 대학 등 양성기관에서는 보육실습생이 실습을 어떻게 했는지, 실습기관에서의 실습지도는 충실히 이루어졌는지 등에 대해 알 수 있다. 보육실습일지는 보육실습기관의 현황, 출근부, 보육실습 일정, 연간 · 월간 · 주간 보육계획안, 보육일지, 보육활동(영역별, 반일 또는 일일 보육활동) 계획안, 가정 연계 및 기관 행사, 보육실습 평가 등의 내용이 포함된다(보건복지부, 한국보육진흥원, 2017. p.46).

1) 보육실습기관의 현황

보육실습기관의 현황에는 보육실습기관의 설립이념과 운영철학, 소재지, 원장 성명, 보육교직원 현황, 학급 수와 반 별 재원아 수, 시설설비 등이 포함된다. 보육실습기관에 관한 자료는 보육실습기관에서 제공받거나, 어린이집 유치원 통합정보공시(www.childinfo.go.kr)를 통해 확인할 수 있다. 보육실습생은 보육실습 전에 해당 내용을 미리 확인하여 자신이 실습하게 될 기관의 특성을 이해하고 보육실습에 임하도록 한다.

2) 출근부

출근부는 보육실습 시작일부터 종료일까지 보육실습생의 출근 여부와 근무시간을 기록하는 문서로써 원장 또는 실습지도교사의 날인을 받아야 한다. 보육실습생이 불가피한 한 사유로 결석·조퇴·지각을 할 경우, 사전에 사유서를 제출하여 원장이나 실습지도교사의 허락을 받아야 한다. 보육실습생이 결석·조퇴·지각으로 인해 부족한 실습시간이나 날 수는 반드시 보충하여야한다. 보육실습기간 중 보충 사유가 발생한 경우, 향후 한국보육진흥원에서 보육교사 실습 확인을 위한 증빙자료를 요청하는 경우가 있으므로 관련 자료를 준비해 두어야 한다.

3) 보육실습 일정

보육실습 일정은 6주간(240시간)의 실습기간이다. 실습을 시작하며 보육실습생은 실습지도교사와 6주간의 주차별, 일별 보육실습 내용에 대해 상의한다. 이를 통해 보육실습생은 보육실습 기간 동안 진행될 내용을 이해하고 활동을 준비할 수 있다. 이러한 보육실습은 6주간 연속으로 이루어지거나 상황에 따라 기간을 나눠 분리하여 할 수 있다. 분리 운영은 2주간의 사전 참여실습과 4주간의 본 실습 형태와 4주간의 본 실습과 2주간의 사후 참여실습 형태 및 3주씩 나누어 실시하는 형태가 있다.

(1) 연령별 보육실습 내용

보육실습은 관찰과 참여로 시작하여 보육활동의 계획과 실행 및 평가 순서로 진행되지만, 보육실습을 위해 배정된 학급의 영유아 연령에 따라 그 내용에 차이가 있다. 영아반은 일상적 양육이 일과에서 중요한 부분을 차지하고, 유아반은 대·소집단 활동이 가능하므로 연령별로 보육실습의 내용을 이해하는 것이 중요하다. 영유아의 연령별 특성에 따른 보육실습 내용의 차이는 다음과 같다(보건복지부, 한국보육진흥원, 2017, pp. 37-38).

- 0세반의 보육실습 내용은 수유·이유, 기저귀 갈이, 잠재우기, 안아주기 등의 일상적 양육과 친밀한 사회·정서적인 상호작용, 안전과 관련된 것이 중요하고, 개별적인 보살핌과 놀이를 중심으로 이루어진다.
- 1, 2세반의 보육실습 내용은 일상적 양육을 기초로 하여 개별적인 영역별 활동과 놀이를 중심으로 이루어진다.
- 3~5세 유아반의 보육실습 내용은 영아반의 기본 내용을 포함하여 기본 생활습관과 일상생활 지도, 안전 지도 등이 포함되며, 개별 활동, 대·소집단 활동, 흥미영역의 활동으로 이루어진다.

(2) 주별 보육실습 내용

주별 보육실습 내용은 보육실습기관과 실습학급의 영유아 연령에 따라 다를 수 있다. 주별 보육실습 일정과 그 내용에 대한 예시는 〈표 7-1〉에 제시한 바와 같다.

| 표 7-1 | 보육실습 일정과 내용

<table>
<tr><th>일정주</th><th colspan="2">보육실습 내용</th></tr>
<tr><td rowspan="3">1주차</td><td colspan="2">• 보육실의 흥미영역 구성, 활동 준비와 일과의 진행 과정에 대한 관찰·기록
• 영유아의 연령별, 개인별 발달 특성의 이해
• 1주차 관찰 및 보육실습에 대한 실습지도교사의 평가</td></tr>
<tr><th>영아반 관찰</th><th>유아반 관찰</th></tr>
<tr><td>• 영아반의 일과 특성 이해하기
– 기저귀 갈기, 배변훈련, 수유·이유, 급식지도 등</td><td>• 유아반의 일과 특성 이해하기
– 개별 활동, 대·소집단 활동, 흥미영역 활동</td></tr>
<tr><td>2주차</td><td colspan="2">• 영유아의 놀이, 영유아와 보육교사, 영유아 간의 상호작용 관찰·기록
• 영유아와의 친밀감 형성
• 2주차 관찰과 보육실습에 대한 실습지도교사의 평가
• 3주차 보육활동 계획에 대한 지도교사의 검토와 지도
• 3주차 보육활동에 필요한 자료 준비</td></tr>
<tr><td rowspan="3">3주차</td><td colspan="2">• 영유아의 놀이, 영유아와 보육교사, 영유아 간의 상호작용 관찰·기록
• 3주차 영유아 보육활동 진행에 대한 실습지도교사의 평가
• 3주차 보육실습에 대한 실습지도교사의 평가
• 4주차 보육활동 계획에 대한 지도교사의 검토와 지도
• 4주차 보육활동에 필요한 자료 준비 및 제작</td></tr>
<tr><th>영아반 보육활동</th><th>유아반 보육활동</th></tr>
<tr><td>• 영아의 개별 일상적인 생활지도 진행</td><td>• 흥미영역 활동 진행</td></tr>
<tr><td rowspan="3">4주차</td><td colspan="2">• 영유아 놀이, 영유아와 보육교사, 영유아 간의 상호작용 관찰·기록
• 4주차 영유아 보육활동 진행에 대한 실습지도교사의 평가
• 4주차 보육실습에 대한 실습지도교사의 평가
• 5주차 반일(일일) 보육활동 계획에 대한 지도교사의 검토와 지도
• 5주차 반일(일일) 보육활동에 필요한 자료 준비 및 제작</td></tr>
<tr><th>영아반 보육활동</th><th>유아반 보육활동</th></tr>
<tr><td>• 영아의 개별 보육활동 진행</td><td>• 연계 활동, 대·소집단 활동 진행</td></tr>
<tr><td rowspan="3">5주차</td><td colspan="2">• 영유아 놀이, 영유아와 보육교사, 영유아 간의 상호작용 관찰·기록
• 5주차 영유아 반일(일일) 보육활동 진행에 대한 실습지도교사의 평가</td></tr>
<tr><th>영아반 보육활동</th><th>유아반 보육활동</th></tr>
<tr><td>• 영아의 일상 생활지도와 개별 활동이 포함된 반일(일일) 보육활동 진행</td><td>• 흥미영역, 연계 활동, 대·소집단 활동이 포함된 반일(일일) 보육활동 진행</td></tr>
</table>

6주차	• 영유아의 놀이, 영유아와 보육교사, 영유아 간의 상호작용 관찰·기록 • 반일(일일) 보육활동과 관련된 환경구성 • 원장, 실습지도교사, 보육실습생이 함께 참여하는 보육실습 평가회 • 보육실습생 평가표, 보육일지, 출근부 등 보육실습 관련 자료 정리 • 보육실습 종료

〈출처〉 보건복지부, 한국보육진흥원(2017). **양성기관에서의 보육실습지도**, pp. 39-40을 재구성함.

4) 일일 보육실습일지

보육실습생은 보육실습 기간 동안 일일 보육실습일지에 하루일과를 기록할 뿐만 아니라, 일과에 대한 평가와 반성적 사고를 작성하며 실습지도교사의 지도와 점검을 받는다. 일일 보육실습일지에는 날짜, 날씨, 결재, 주제, 소주제, 일과 운영에 따른 보육내용, 보육실습생 소감, 실습지도교사의 조언 등이 포함된다. 이를 통해 보육실습생은 보육실습기관에서 이루어지는 보육활동이 어떻게 실행되고 평가되며, 지원하고 있는지에 대해 이해할 수 있다. 〈표 7-2〉는 일일 보육실습일지 작성의 예로서 이는, 제4차 어린이집 표준보육과정과 2019 개정 누리과정에 따른 놀이 실행과 지원의 놀이실행일지가 될 수도 있다.

| 표 7-2 | 일일 보육실습일지 작성 예

일일 보육실습일지	결재	실습생	지도	원장
	* 보육실습생, 실습지도교사, 원장 순으로 결재한다. * 보육실습생은 매일 일일 보육실습일지를 작성하여 다음 날 아침 실습지도교사에게 제출한다. * 원장은 보육실습생의 보육실습일지와 실습지도교사의 지도내용을 확인하고 날인한다.			

반	5세 00반	일시	20**년 0월 0일 수요일
* 날짜 기록을 통해 실습이 이루어진 시기에 유아의 관심 주제, 발달 정도, 실습기관의 행사 일정 등을 이해할 수 있다. * 학기 초와 말에 따라 유아의 발달과 적응도에서 차이가 나타난다. * 주초와 주말에 따라 준비물, 안내 사항, 주말에 지낸 이야기 등의 활동에서 차이가 나타난다.			
날씨	흐린 후 맑음	**결석**	서00(감기), 정00(감기)
* 날씨 기록을 통해 날씨에 따른 일과운영의 차이를 파악할 수 있다.		* 결석 유아의 이름과 사유에 대해 실습지도교사의 안내를 받고 간략하게 작성한다.	
주제	나와 가족	**소주제**	나의 몸
* 주제와 소주제는 실습 반의 연간, 월간, 주간 보육활동계획안을 참고하여 기록한다. * 유아의 놀이 흐름을 지원하는 주제에 대해 실습지도교사의 안내를 받아 작성한다.			

시간 · 일과	활동계획 · 실행	평가 · 유의점
	* 보육실습일지의 활동계획과 실행은 실습업무가 진행된 사실 그대로, 시간 흐름에 따라 기록한다. * 활동명, 활동자료, 활동방법을 기록하되 보육실습생에게 의미 있는 바를 구체적으로 기록한다.	* 유아의 놀이 흐름과 보육교사와 유아 간 상호작용, 유아의 활동 참여 정도를 기록한다.
등원 · 맞이하기 7:30~8:50	• 보육교사는 유아를 반갑게 맞이하며 유아의 건강을 점검한다. • 가방과 소지품을 스스로 정리할 수 있도록 하며, 조용한 놀이를 할 수 있도록 한다.	자신의 소지품을 스스로 정리하도록 보육교사가 개별적으로 부드럽게 말한다.
	* 등원 시 유아를 맞이하는 태도를 구체적으로 기록한다. * 매일 반복되는 일과의 내용은 첫날 자세히 기술하고, 이후 간략하게 기술한다.	

놀이 계획하기 8:50~ 9:10	• 개별적으로 유아가 오늘의 놀이를 계획한다.	놀이를 계획성 있게 실천할 수 있도록 보육교사가 개별적으로 상호작용하며 지도한다.
오전 간식 9:10~ 9:30	• 간식: 우유, 롤케이크 • 놀잇감 정리 후, 손을 씻고 간식을 들고 자리로 이동한다. • 바르게 앉아 간식을 먹은 후, 그릇을 정리한다. * 간식·점심 등 식습관 지도를 구체적으로 기록한다. * 간식 배식과 지도에 대해 첫날 자세히 기술하고, 이후 간략하게 기술한다. * 당일 간식 메뉴와 유아를 관찰함으로써 강조되는 식습관 지도내용을 중심으로 기록한다.	우유를 개인 컵에 조심히 따를 수 있도록 지도한다.
오전실내 자유놀이 9:30~ 11:00	[쌓기영역] 단위블록으로 몸 구성하기 • 활동목표: 신체의 특성을 이해하고 활용하여 움직여 본다. 블록으로 몸의 모양을 따라 만들어 본다. 친구와 협동하여 놀이한다. • 활동자료: 여러 가지 블록(카프라, 끼우기 블록 등), 전지, 색연필 • 활동방법: 전지에 누워 그림을 그린 뒤, 그림에 뼈대를 그려본다. 뼈대, 겉모습을 카프라와 끼우기 블록을 놓아 몸을 구성한다. – 몸으로 어떤 모양을 만들어 보고 싶니? – 뼈대는 어떤 블록으로 쌓으면 좋을까?	전지에 누워 그린 겉모습에 뼈대를 그리는 작업 전 벽면에 게시된 인체 골격을 살펴볼 수 있도록 유도하였으나, 보육교사의 도움이 많이 필요하였다.
	[미술영역] 손, 발 페인팅 꾸미기 • 활동목표: 손, 발 찍기 모양을 이용하여 나만의 그림을 그려본다. • 활동자료: 페이스페인팅, 종이, 물휴지, 작은 붓 • 활동방법: 손과 발바닥 찍기 활동을 진행한다. 손등과 발등에 작은 붓을 이용하여 꾸미기를 한다. – 손이나 발을 어떤 모양으로 찍어보고 싶니? – 손이나 발 모양은 어떤 것으로 변할 수 있을까?	페이스페인팅 물감보다 수채 물감을 이용하자 쉽게 씻겼다. 여아들의 참여도가 높았다.
	[수·조작영역] 컴퓨터로 내 이름 큰 글자로 출력하기 • 활동목표: 컴퓨터로 출력하는 방법을 안다. 글자 읽기와 쓰기에 관심을 갖는다. • 활동자료: 컴퓨터, 종이, 컴퓨터 출력 순서판 • 활동방법: 컴퓨터를 이용하여 자신의 이름을 적고 출력한다. – 컴퓨터로 이름을 출력하기 위해 어떤 순서로 해야 할까?	잘 쓰지 못하는 유아의 경우에는 자·모음 순서를 보육교사가 손가락으로 짚으며 알려 주고 이를 먼저 컴퓨터 자판에서 찾아 치도록 도움을 주었다.

	[과학영역] 우리 몸에 필요한 영양소 • 활동목표: 우리 몸에 필요한 영양소에 관심을 갖는다. 음식카드와 영양소를 짝지어 본다. • 활동자료: 음식카드, 영양탑 • 활동방법: 영양탑과 음식카드를 이용하여 영양분에 따라 음식카드를 분류한다. * 유아의 경우, 흥미에 따른 활동이 이루어지므로 활동목표, 활동자료, 교수학습방법, 상호작용에 대해 자세히 기록한다.	배지의 색을 영양소와 음식카드에 따라 다르게 하여 유아들이 영양소를 모르더라도 찾아볼 수 있도록 하였다.
대・소집단 활동 11:00~11:30	[대집단 활동] 〈동시〉 내 동생 • 활동목표: 동시의 아름다움을 느낀다. 자신의 생각을 언어로 표현한다. • 활동자료: 동시판 • 활동방법: 음률을 살려 동시를 들려준다. 유아들이 동시를 듣고 한 소절씩 읽도록 하고 동시말을 바꿔보는 활동을 한다. – 동시 속에 어떤 말이 가장 재미있었니? – 어떤 말로 바꾸어 보고 싶니?	주말에 지낸 이야기를 할 때 긴장하여 평소보다 목소리가 작거나 올바른 자세를 취하지 못하는 유아들이 있었다. 대부분의 유아들이 친구의 이야기에 경청하는 모습을 보였다. 주말에 가족과 함께 있던 경험과 연계된 동시 내용에 흥미를 보이며 적극적으로 참여하였다.
실외 자유놀이 11:30~12:30	[실외자유놀이] 몸으로 재어보기 • 활동목표: 나무의 크기를 재어보고 비교해 본다. 임의 측정에 관심을 갖는다. • 활동방법: 실외놀이터에서 접하는 물체(나무, 물놀이대, 미끄럼틀 등)를 손뼘, 양팔 등 신체 부위를 이용하여 측정해본다. – 우리 몸의 어떤 부분으로 물체를 재어보고 싶니? – 우리가 손뼘으로 잰 것 중에 가장 큰 것은 무엇이었니? * 유아의 경우, 1시간 이상의 실외놀이가 이루어지므로 실행시간과 활동 내용을 관찰 후 구체적으로 기록한다.	유아들은 보육교사와 함께 나무를 안아 둘레를 재어보며 적극적으로 활동에 참여하였다. 한 아름이 넘는 나무가 없어 나무의 둘레를 넓게 재보기에는 아쉬웠다.
점심・이 닦기 12:30~13:30	• 흑미밥, 시금치된장국, 돈갈비찜, 파래무침, 김치 • 식사도우미는 배식을 하며, 유아는 자신의 음식량에 맞게 식사를 받는다. • 자리에 바르게 앉아 반찬과 밥을 골고루 먹는다. • 식사 후 교실로 이동하여 이를 닦고 조용한 놀이를 한다.	유아들이 식사도우미의 역할에 적극적으로 참여하며, 배식을 기다리면서 자신의 순서를 잘 지켰다. 음식의 종류를 살피고 양 조절을 어려워하여 보육교사의 도움이 필요하였다.

조용한 놀이 · 휴식 13:30~ 15:00	• 그림책 '그만 내 몸은 소중해/이슬이의 첫 심부름'을 보면서 자리에 누워 잠을 자거나 휴식을 취한다.	휴식을 원하지 않는 유아는 조용한 놀이영역에서 활동할 수 있도록 하였다.
오후 간식 15:00~ 15:30	• 간식: 가래떡구이, 둥글레차 • 놀잇감 정리 후, 손을 씻고 간식을 들고 자리로 이동한다. • 바르게 앉아 간식을 먹은 후, 그릇을 정리한다.	가래떡을 꼭꼭 씹어서 넘기도록 지도하였다.
오후 자유놀이 또는 실외활동 15:30~ 17:30	• 오전 자유놀이를 계속 진행한다. [쌓기영역] 블록으로 구성한 몸 사진 찍어 전시하기 • 활동목표: 작품을 감상하며 자신의 생각과 느낌을 언어로 표현한다. • 활동자료: 전지그림, 카메라 • 활동방법: 전지에 누워 그림을 그린 뒤, 그 그림에 뼈대를 그린다. 뼈대, 겉모습을 카프라와 끼우기 블록을 놓아 몸을 구성한다. 구성된 몸을 사진으로 찍어 전시한다. – 우리 몸의 어떤 부분을 만들어 주었니? – 만든 것을 보기 위한 공간이 많이 필요한데, 어떻게 하면 우리가 내일도 쌓기영역에서 놀이도 하고 전시도 할 수 있을까? * 오전 자유놀이와 동일할 경우, 활동명만 간략하게 기술한다. * 오전 자유놀이와 비교하여 변화, 확장된 놀이에 대해 구체적으로 기술한다.	보육교사가 블록으로 구성한 몸 사진을 찍어 전시하자 활동에 관심을 나타내는 유아들이 많았고, 참여가 늘어났다.
귀가 지도 17:30~ 18:00	• 세안 후 옷을 입으며 자신의 몸을 스스로 단장한다. • 자신의 물건을 스스로 챙기며, 서랍정리를 한다. • 놀이를 하다가 부모님이 오시면 통합 보육 선생님께 인사하고 하원한다.	유아가 스스로 몸을 단장하고 물건을 챙길 수 있도록 격려한다.
통합보육 18:00~ 19:30	• 통합 보육실로 이동한다.	

실습생 평가	• 매일 이루어지는 자유놀이지만 막상 놀이계획을 진행해보니 어색해하는 유아가 많아 보육교사가 개별적으로 상호작용하여 유아의 능동적인 활동을 유도하는 것을 볼 수 있었다. • 언어활동이 각 영역에서 통합적으로 이루어지면서 자신의 이름을 이용하여 쓰기에 관심을 갖도록 하였다. 자신의 이름으로 쓰기에 참여하면서 이름이 완성되고, 동시 '내 동생'과 연계하여 가족의 이름을 묻고 쓰면서 언어활동이 활발히 이루어졌다. 통합적인 언어활동의 실제를 선택활동에서 경험하는 좋은 시간이었다. * 보육일과 중 새롭게 배웠던 지도교사 유아 상호작용에 대한 내용을 기록한다. * 일과 중 새롭게 발견한 영유아의 발달적 특성과 흥미에 대한 내용을 기록한다. * 반에서 실습생으로서의 역할과 자세에 대한 자기평가를 기록한다. * 활동 시 계획대로 실행되지 않은 원인을 분석하여 그 내용을 기록한다. * 실습지도교사가 지시한 업무 수행을 하면서 배운 내용을 기록한다. * 일과 운영과 상호작용에 대해 궁금한 사항을 기록한다.
지도교사 조언· 평가	• 5세반이 되어 유아가 언어적 활동에 많은 관심을 보이면 보육교사도 유아의 관심과 흥미에 민감하게 반응해 주어야 합니다. 그렇다고 전통적인 학습의 방법으로 보육교사가 주도적으로 이끌며 진행하기보다는 유아의 개별적 특성을 고려하여 접근하는 것이 보다 유아의 동기를 유지시키면서 지속적으로 참여시킬 수 있는 방법이 됩니다. 왜냐하면 유아마다 언어적 흥미나 내용에 대한 사전경험이 다를 수 있고, 듣기, 말하기, 읽기, 쓰기 등의 영역에 대한 발달 수준도 모두 다를 수 있기 때문입니다. • 5세반 유아는 일과를 진행할 때 스스로 놀이나 활동을 선택하고 계획하여 실행하는 과정을 통해 자아존중감이 형성되고 독립심이 길러지므로 놀이를 체계적으로 계획할 필요가 있습니다. 유아는 스스로 선택한 활동이나 놀이에 대해 더 주의집중을 하고, 지속하려고 할 뿐만 아니라, 문제가 생겼을 때 스스로 해결하고자 하는 노력도 더 보이게 됩니다. 유아가 스스로 놀이나 활동을 선택하였을 때와 보육교사 주도의 활동에 참여할 때 유아가 어떤 활동에 더 주의집중하며 의미 있게 학습을 하는지 잘 관찰해 보십시오.

〈출처〉 보건복지부, 한국보육진흥원(2017). **양성기관에서의 보육실습지도**, pp. 54-56을 재구성함

* 놀이실행을 중심으로 한 보육일지의 경우, 6장의 〈표 6-5〉 제4차 어린이집 표준보육과정에 의한 영아반(2세) 보육일지 예와 〈표 6-6〉 2019 개정 누리과정에 의한 유아반(5세) 보육일지 예를 참고하기 바람

2. 보육활동

보육실습생은 실습지도교사의 지도하에 보육활동을 계획하고 실행하며 평가한다. 이때 보육실습생은 놀이 주제의 전개 양상, 소주제와 보육활동 간의 균형성과 활동의 적합성 및 통합성, 영유아 발달의 적절성, 주간 보육활동계획안과 영유아의 흥미, 행사 및 특별한 상황, 영유아의 놀이 양상과 수준 등을 고려하여 보육활동계획안을 작성한다.

1) 실습지도교사와의 협의

보육실습생은 이론적으로 알고 있으나 직접 영유아를 지도해 본 경험이 없으므로 다양한 교수법을 수행하기는 어렵다. 따라서 보육실습생은 실습지도교사와 함께 처음 진행하기에 적절한 활동인지 숙고하고 계획 과정을 협의한다. 보육실습 초반 활동은 난이도가 낮은 미술활동이나 언어활동 등으로 시작하여 대·소집단활동, 연계 활동, 게임, 동극 등의 활동을 진행하는 것이 성공적인 보육실습에 도움이 될 수 있다. 보육실습 기간 동안 보육활동 계획 및 실행과 관련하여 보육실습생이 실습지도교사와 함께 협의할 사항은 다음과 같다(한국보육진흥원, 2017, 양성기관에서의 보육실습지도, p. 57).

- 주중 무슨 요일인지, 시간은 오전인지 오후인지, 앞선 활동이 동적인지 정적인지 등을 확인하여 보육실습생의 보육활동을 위한 구체적인 날짜와 일과 중 시간을 정한다.
- 흥미영역인지, 이야기나누기, 게임, 요리 등의 대·소집단 활동인지

등 보육활동 유형을 협의한다.

- 대집단, 소집단, 자유놀이 등 활동유형에 따라 집단의 크기와 구성인원에 차이가 있을 수 있으므로 집단 크기와 구성방법을 협의한다.
- 보육실 내에서 이루어지는지, 흥미영역에서 이루어지는지, 유희실과 강당, 실외 등의 공간에서 이루어지는지 등 보육활동이 진행될 공간에 대해 협의한다.
- 활동자료가 연령에 적합한지, 활동과 연계성이 있는지, 준비가 용의하고 편리하며 안전한지 등에 대해 협의한다.
- 보육활동계획안 작성 시 활동일시, 활동유형, 활동전개방안 등 바람직한 교수전략과 상호작용방법에 대해 협의한다.

2) 영역별 보육활동계획안 작성

영역별 보육활동계획안은 흥미영역에서 진행할 수 있는 하나의 보육활동을 계획하는 것이다. 이는 2가지 이상의 보육활동들이 연계된 보육활동계획안이나 반일(일일)보육을 진행할 수 있는 보육활동계획안과 구분된다. 영역별 보육활동계획안에는 활동 목표, 활동 자료, 활동 방법, 확장 활동, 주의 사항 등을 포함하여 작성하되 사전경험이나 영역 간 연계에 대한 내용을 포함시킬 수 있다. 보육실습생은 실습지도교사가 작성한 주간 보육계획안에 제시된 활동이나 활동 목표, 영유아의 참여가 용이한 활동방법을 활용할 수도 있다. 〈표 7-3〉은 영역별 보육활동계획안 작성 시 고려해야 할 사항이다.

표 7-3 영역별 보육활동계획안 작성 시 고려해야 할 사항

<table>
<tr><td>영유아 관찰</td><td colspan="3">* 영유아의 놀이상황과 관찰 내용을 기록하여 보육활동을 계획하고 그 활동의 기대하는 바를 작성한다.</td></tr>
<tr><td>실습생</td><td>○ ○ ○</td><td>제출일</td><td>20**년 0월 0일 수요일</td></tr>
<tr><td>활동예정일</td><td>20**년 0월 0일 화요일 맑음 예정</td><td>활동장소</td><td>보육실</td></tr>
<tr><td>활동명</td><td>색 스카프 움직이기</td><td>대상연령</td><td>2세</td></tr>
<tr><td>주제</td><td>알록달록 가을이 왔어요</td><td>활동영역</td><td>음률</td></tr>
<tr><td>활동목표</td><td colspan="3">* 표준보육과정의 보육내용이 활동목표와 연계되도록 한다.
* 보육활동을 통해 영유아에게 기대하는 바를 진술하거나 경험해야 할 내용을 구체적으로 기술한다.
* 활동목표는 너무 지식에 치우치지 않도록 하고, 영유아가 경험할 기술이나 태도를 포함시킨다.</td></tr>
<tr><td>표준보육 과정 관련요소</td><td colspan="3">* 교육과정 관련요소는 활동목표에 맞춰 순서대로 작성한다.
* 영아는 제4차 어린이집 표준보육과정에서, 유아는 2019 개정누리과정에서 활동목표와 관련된 영역, 범주, 내용을 기술한다.</td></tr>
<tr><td>활동자료</td><td colspan="3">* 활동에 필요한 자료는 구체적으로 기술한다.
* 제작이 필요한 경우, 실습지도교사와 협의하며, 보육활동계획안에 제작과정을 서술한다.
* 제작이 필요한 경우, 교구의 활용법과 보관방법 등을 구체적으로 기술한다.</td></tr>
<tr><td colspan="2">활동방법</td><td colspan="2">자료·유의점</td></tr>
<tr><td colspan="2">* 활동방법 기술시 보육실습생의 발문을 기록하고, 영유아의 반응을 예상하며 기록한다.
* 보육실습생의 활동은 활동지도 능력이 부족할 수 있으므로 구체적으로 계획한다. 영유아가 흥미를 보이지 않을 경우, 과도한 흥미를 보이는 경우, 다른 대답이 나오는 경우 등 예상되는 것을 사전에 계획한다.</td><td colspan="2">* 활동 진행 순서에서 필요한 자료를 기술한다.
* 활동 진행 시 대형의 이동, 활동 인원, 안전상 고려해야 할 사항 등을 기록한다.</td></tr>
<tr><td>확장활동</td><td colspan="3">* 다른 흥미영역이나 오후 활동 실외활동으로 연계, 심화하거나 며칠 동안 다양한 활동으로 연결하여 확장할 수 있는 방안을 기록한다.</td></tr>
</table>

〈출처〉 보건복지부, 한국보육진흥원(2017). **양성기관에서의 보육실습지도**, pp. 57-59를 재구성함.

* 영아반과 유아반의 영역별 보육활동계획안 예시는 〈부록 4-3〉, 〈부록 4-4〉를 참고하기 바람.

3) 반일 또는 일일 보육활동계획안

반일 또는 일일 보육활동계획안은 보육실습 기간 동안 배우고 익힌 바를 하루 전반 혹은 반나절에 걸쳐 활동에 적용하고자 하는 계획안이므로 종합적인 내용을 포함해야 한다. 반일 또는 일일 보육활동계획안은 보육교사로서 하루 동안의 모든 역할을 충실히 해낼 수 있도록 실내·외 보육활동, 등·하원지도, 보육실 환경구성, 일상 생활지도 등의 내용을 모두 포함하여 계획해야 하므로 사전에 실습지도교사와 구체적으로 협의하여 작성해야 한다. 또한, 보육실습생이 반일 또는 일일 보육활동계획안을 작성 시에는 영역별 보육활동계획안도 함께 작성하여 첨부해야한다. 〈표 7-4〉는 일일 보육활동계획안 작성 시 고려해야 할 사항이다.

| 표 7-4 | 일일 보육활동계획안 작성 시 고려해야 할 사항

실습생	000	지도 교사		원장	
학급명	00반	날짜 · 날씨	20**년 00월 00일, 맑음		
주 제	알록달록 가을이에요	소주제	나뭇잎이 물들어요.		
일일목표	· 가을에 볼 수 있는 나뭇잎에 관심을 갖고 다양한 나뭇잎으로 놀이해 본다.				
일과(시간)	계획 및 실행			자료 · 유의점	
등원 · 통합보육 7:30~9:00	* 영유아가 등원하기 전 보육교사의 준비사항을 기록한다. * 영유아의 등원 시 확인해야 할 것을 구체적으로 기록한다. * 영유아의 기분과 건강상태를 확인하는 상호작용을 구체적으로 기록한다.			* 일과 중 필요한 자료와 안전상 고려해야 할 사항 등을 기록한다. * 지도교사의 조언을 기록할 수 있다.	

오전 간식 9:00~ 9:30	* 간식을 미리 확인하고, 지도 시 유의사항을 기록한다. * 실습지도교사의 간식 준비 방법을 확인하고, 이를 구체적으로 기록한다. * 영유아가 스스로 손을 씻고 간식을 먹은 후, 정리정돈 할 수 있도록 한다. * 간식을 더 먹는 경우, 먹기 싫어하는 경우 등 다양한 상황을 예상하여 계획한다.	
오전 실내 자유놀이 9:30~ 11:20	* 보육실습생이 계획한 새로운 놀이는 영역별 보육활동계획안을 따로 첨부한다. * 기존에 진행하던 놀이의 경우, 간략하게 기술한다. * 활동영역, 활동명, 활동목표, 활동자료, 활동방법을 간단히 기술한다. * 정리정돈 시간을 알리는 방법, 영유아의 참여를 이끄는 방법을 구체적으로 계획한다. * 유아의 경우, 대소집단 활동 전 화장실을 다녀올 수 있도록 지도한다.	
대・소집단 활동(유아) 11:00~ 11:20	* 영아의 경우, 일상생활과 관련한 개별 활동을 계획하며, 보육활동계획안을 따로 첨부한다. * 유아의 경우, 주제와 관련된 대・소집단 활동을 계획하며, 보육활동 계획안을 따로 첨부한다.	
바깥놀이 11:20~ 12:00	* 바깥놀이를 나가기 전 영유아의 준비사항을 확인하여 기록한다. * 보육실에서 바깥놀이 장소까지의 이동방법과 동선에 대해 구체적으로 계획한다. * 바깥놀이를 하지 못하는 경우를 예상하여 대체활동을 계획한다.	
점심식사・ 이닦기 12:00~ 13:00	* 점식 식단을 미리 확인하고, 지도 시 유의사항을 기록한다. * 점심식사를 위한 영유아의 준비물을 확인하여 기록한다. * 영유아의 연령에 적합한 식사 도구 사용법, 식사 예절 등에 관한 상호작용을 구체적으로 계획한다. * 양치지도를 위한 준비물과 방법을 구체적으로 계획한다.	
낮잠・휴식 배변활동 13:00~ 15:00	* 낮잠・휴식을 위한 준비물을 확인한다. * 동화책 또는 조용한 음악을 준비한다. * 먼저 일어난 영유아, 낮잠을 자지 않는 영유아의 지도방법을 구체적으로 계획한다.	
대・소집단 활동(유아) 14:40~ 15:00	* 영아의 경우, 일상생활과 관련한 개별 활동을 계획하며, 보육활동계획안을 따로 첨부한다. * 유아의 경우, 주제와 관련된 대・소집단 활동을 계획하며, 보육활동 계획안을 따로 첨부한다.	

오후 간식 15:00~ 15:30	* 간식을 미리 확인하고, 지도 시 유의사항을 기록한다.	
오후 실내 자유놀이 15:30~ 17:00	* 유아의 경우, 오전 놀이와 연계하여 진행할 수 있는 놀이를 계획한다.	
귀가· 통합보육 17:00~ 19:00	* 영유아의 귀가 방법과 순서를 미리 확인한다. * 영유아의 일과 특이사항을 실습지도교사에게 전달하고, 영유아의 부모를 실습지도교사보다 먼저 만나지 않도록 주의한다.	

〈출처〉 보건복지부, 한국보육진흥원(2017). **양성기관에서의 보육실습지도**, pp. 62-66을 재구성함.

* 영아반과 유아반의 일일 보육활동계획안 예시는 〈부록 4-5〉, 〈부록 4-6〉을 참고하기 바람.

08
CHAPTER

보육실습 평가 · 관리

CHAPTER 8

보육실습 평가 · 관리

1. 보육실습 평가

1) 개념

보육실습 평가는 보육실습생이 대학 등 양성기관에서 습득한 지식, 기술, 태도를 보육현장에 적용해 봄으로써 이론적 지식을 실천적 지식으로 변화시켰는지를 파악하는 것이다. 이를 통해 대학 등 양성기관에서 실습을 담당하는 교수나 보육실습기관의 실습지도교사는 보육실습생이 보육교사로서의 기본 자질과 역할을 갖추었는지 살펴볼 수 있으며, 보육실습생은 예비보육교사로서의 자기 역량을 점검할 수 있다. 이를 위해 보육실습기관의 원장과 실습지도교사는 보육실습생의 실습 내용과 과정을 평가하며 보육현장에서 실습을 성공적으로 수행하도록 지도하고 관리한다. 보육실습생은 자기평가를 통해 반성적 사고를 하며 실습과정을 점검하면서 보육교사로서의 자질 함양을 위해 노력한다. 대학 등 양성기관에서는 실습지도교수가 보육실습기관을 방문하여 보육실습생의 실습과정을 지도 점검하고, 보육실습기관에서 송부한 보육실습 평가서와 보육실습생이 작성한 보육실습일지 등에 근거하여 보육실습생의 수행 정도를 종합적으로 평가한다.

2) 목적 · 목표

보육실습 평가는 보육실습생이 보육실습을 효과적이고 성공적으로 수행했는지에 대해 확인하는 것이다. 이러한 보육실습 평가는 보육실습을 마친 후 실습기관과 대학 등의 양성기관에서 실시한다. 보육실습 평가의 목적과 목표는 보건복지부와 한국보육진흥원(2017, p. 74)에서 제시한 내용을 참고하여 설정하면 다음과 같다.

(1) 목적

- 이론과 실습을 겸비하여 영유아에 대한 이해를 돕는다.
- 보육실습의 진행 정도와 상황을 파악하여 실습의 질을 평가한다.
- 보육실습생의 보육 역량을 강화하여 전문성을 확보한다.
- 예비보육교사로서의 자질 함양을 위해 반성적 사고를 촉진한다.
- 보육교사의 역할 수행에 대한 이해를 증진시킨다.
- 예비보육교사에게 보육기관의 다양한 역할 수행에 대한 이해를 도모한다.

(2) 목표

- 보육실습의 목표달성 여부를 확인한다.
- 보육실습생의 보육실습 성취도를 확인한다.
- 보육실습생에게 미래 보육교사로서의 진로에 도움을 준다.
- 보육실습생 스스로 보육교사로서의 자질과 역량을 판단할 수 있는 기회를 제공해준다.
- 보육실습 결과를 통해 보육실습생의 부족한 점을 보완한다.

- 보육교사로서의 국가자격증 부여를 위한 필수 교과목 이수의 근거자료가 된다.

2. 보육실습 평가 내용과 방법

1) 보육실습생의 자기평가

보육실습생은 6주 동안 보육실습기관의 원장이나 실습지도교사로부터 지속적인 평가를 받을 뿐만 아니라, 실습의 주체로서 스스로에 대해서도 평가를 해야 한다. 보육실습생은 자기평가를 통해 자신을 객관화하고, 보육교사로서의 태도, 자질, 역할, 능력 측면에서 자신의 역량을 점검해 볼 수 있다. 자기평가 이후 보육실습생은 자신에게 부족한 점을 대학 등의 양성기관에서 교과목 수강을 통해 보완하고, 보육현장에서의 실습을 추가로 경험하면서 미래 보육교사로서의 전문 역량을 갖추게 된다. 그러므로 보육실습생의 자기평가는 다양한 측면에서 이루어져야 한다(보건복지부, 한국보육진흥원, 2017. p. 76; 이미화, 강은진, 김은영, 김길숙, 엄지원, 2016. p. 273; 한혜경, 박부숙, 백지숙, 박윤조, 2021, p. 142).

- 보육일지에서 매일 자기평가를 함으로써 영유아의 반응과 자신의 교수·학습 방법을 점검하고 보육실습생으로서의 역할과 자세를 평가한다.
- 보육실습 동안 자신의 경험을 기록하고, 그 의미에 대해 기술함으로써 보육교사로서 요구되는 태도, 역할, 능력을 점검하고 실습 경험

에 대해 반성적 사고를 한다.

- 보육실습 동안 배운 것과 보육교사로서 준비해야 할 사항 등을 기록함으로써 미래 보육실습 시 개선되거나 보완되어야 하는 내용을 이해한다.

보육실습생은 〈표 8-1〉에 제시한 자기평가표와 같은 자료를 활용하여 보육교사로서의 자질, 보육활동 지도능력, 학급경영 능력 등에 대한 평가를 해볼 수 있다.

표 8-1 보육실습생의 자기 평가표

*해당하는 내용에 V표 하세요.(1-아주 못함, 2-못함, 3-보통, 4-잘함, 5-아주 잘함)

번호	평가항목	1	2	3	4	5
1	영유아의 흥미, 발달수준에 근거하여 보육목표를 달성할 수 있는 보육내용을 선정하였는가?					
2	영유아의 흥미와 능력, 사전경험을 관찰하여 보육활동계획안 작성 시 활용하였는가?					
3	보육활동계획안은 영유아의 연령과 발달수준, 흥미 등을 고려하여 적절하게 계획되고 준비되어 실행하는데 무리가 없었는가?					
4	보육활동계획안의 활동을 진행하는데 필요한 자료는 충실히 준비하였는가?					
5	영유아의 행동을 민감하게 관찰하며 상호작용에 최선을 다했는가?					
6	영유아의 놀이가 지속되고, 확장되도록 다양한 흥미영역에 고루 참여하면서 영유아의 놀이를 촉진하였는가?					
7	영유아가 기본생활습관을 형성할 수 있도록 동기를 유발하였는가?					
8	효과적인 대·소집단 활동을 위해 보육교사로서 다양한 교수-학습방법을 활용하였는가?					
9	영유아의 부정적 정서나 갈등상황이 발생했을 때 이를 긍정적으로 수용하여 적절하게 해결하였는가?					
10	영유아의 개별적 특성과 개인차를 고려하여 지도하였는가?					

11	영유아가 알아들을 수 있도록 어휘, 발음, 음성의 고저, 빠르기 등에 주의하면서 영유아를 존중하는 언어를 사용하였는가?					
12	보육실습일지의 내용과 평가 등을 성실히 기록하였는가?					
13	영유아의 안전, 위생, 건강에 특별히 주의를 기울였는가?					
14	낮잠, 간식, 점심, 배변 활동, 이닦기, 손닦기, 옷입기 등의 일상생활을 영유아 스스로 할 수 있도록 지도하였는가?					
15	보육실의 청결한 환경을 위해 통풍, 채광, 정리 정돈 등에 주의를 기울였는가?					
16	보육실습기관의 지도 방침에 협력하였는가?					
17	실습지도교사와 원만한 관계를 유지하면서 보육실습에 성실히 임했는가?					
18	보육실습 동료들과 협력적인 관계를 유지하였는가?					
19	영유아의 수준과 흥미에 적합한 활동을 계획하고 지도하기 위해 관련 문헌이나 전문 서적을 찾아보고자 노력하였는가?					
20	보육실습을 통해 보육교사로서의 전문성이 향상되었는가?					
합계						

〈출처〉 보건복지부, 한국보육진흥원(2017). **양성교육기관에서의 보육실습지도**, p. 104의 내용을 수정하여 제시함.

2) 원장과 실습지도교사의 평가

보육실습기관의 원장과 실습지도교사는 보육실습생의 보육실습 전 과정을 성실하게 지도하고 관리하며 감독해야 한다. 이를 위해 원장과 실습지도교사는 상호 협력하여 보육실습생의 보육활동계획안에 대한 지도와 조언을 하며, 실습 후의 실습평가서와 결과보고서를 작성하여야 한다. 또한, 원장과 실습지도교사는 보육실습을 마친 후 보육교직원과 보육실습생이 모두 참여하는 보육실습 평가회를 실시한다. 보육실습 기간 동안 원장은 실습지도교사와 보육실습생의 인간관계와 직무관계를 통합적으로 아우를 수 있는 지원자이자 관리자의 역할을 수행해야 한다. 또한, 실습지도교사는 개인의 역량을 바탕으로 보육실습생과 인간적인 관계를 유지하면서 보육교사의 역할에 기반한 직무 수행을 통해 사무적인 관계를 형성한다. 그러므로 원장과 실습지도교사는 상호 협력하여 보육실습생의 보육실습에 대해 전반적인 평가를 하고 보육실습생의 보육실습 결과보고서를 객관적으로 정확히 작성해야 한다. 원장과 실습지도교사는 보육실습생의 보육실습 평가를 위해 몇 가지 역할을 수행한다(이미화, 강은진, 김은영, 김길숙, 엄지원, 2016, pp. 276-277).

(1) 원장의 역할

- 실습지도교사와 보육실습생에게 보육실습 지도에 대한 객관적인 평가 기준을 안내하고 바람직한 보육실습의 방향을 제시한다.
- 실습지도교사가 열의를 가지고 보육실습생을 지도할 수 있도록 실습지도교사를 지지해주며 업무상 어려운 점을 파악하여 조언해준다.
- 보육실습일지 점검이나 보육실습생과의 면담을 통해 보육실습생의 어려움을 경청하고 해결방안을 모색한다.

(2) 실습지도교사의 역할

- 보육실습생의 행동과 태도를 관찰하여 기록하고 평가하고 예비보육교사로서의 역할 수행을 잘할 수 있도록 지도한다.
- 보육실습생을 주의 깊게 관찰하여 올바른 언어사용, 영유아를 존중하는 태도, 성실성, 책임감 등에서 미숙한 점과 부족한 점을 파악하여 이를 보완할 수 있도록 조언한다.
- 보육실습생의 보육활동계획안을 검토하여 부족하거나 보완해야 할 부분에 대해 구체적으로 지도하고 조언해 준다.

- 보육실습을 진행하는 동안 보육실습생의 언어, 자세와 태도, 직접 작성한 자료와 보육일지 등을 충실히 검토하여 타당하고 신뢰성 있는 평가를 실시한다.
- 객관적인 평가를 통해 보육실습생의 자기 반성적 사고에 도움을 줄 수 있도록 지도한다.

보육실습생에 대한 평가는 보육실습기관의 원장과 실습지도교사에 의해 이루어진다. 이를 위해 실습지도교사는 보육실습생이 제출한 객관적인 자료를 검토하고 실습 태도 등을 객관적으로 관찰하여 신뢰롭고

표 8-2 보육실습기관에서의 보육실습생 평가영역과 배점

영역	평가내용		배점	점수
근무태도와 자질 (20)	근무사항	출석, 결석, 지각, 조퇴 등	5	
	태도	성실성, 근면성, 친절, 적극성, 복장·용모, 예절	5	
	자질	영유아 존중, 책임감, 인성, 열의	5	
	관계	실습지도교사와의 관계, 동료실습생과의 관계	5	
보육활동 계획과 실행 (30)	보육활동 계획	영역별, 반일 또는 일일보육활동계획의 적합성, 준비	15	
	보육활동 실행	영역별, 효과적이고 적절한 반일 또는 일일보육활동의 실행	15	
예비보육 교사로서의 역할 수행 (30)	관찰	영유아 행동과 놀이 관찰, 보육환경 관찰	5	
	일과 지도	일과 진행 보조, 일상 생활지도	10	
	상호작용	영유아의 상호작용, 놀이 참여	15	
보육실습 일지작성 (10)	구체적이고 충실한 보육실습일지 작성, 일일자기평가, 실습지도교사의 평가 반영 노력		10	
총평 (10)	실습기간 동안 예비보육교사로서의 향상된 정도		10	
총점			100	

〈출처〉 보건복지부, 한국보육진흥원(2017). **양성교육기관에서의 보육실습지도**, p. 79의 내용을 수정하여 제시함

타당한 평가를 해야 한다. 보육실습생에 대한 평가는 〈표 8-2〉에 제시된 평가영역과 내용을 기준으로 공정성, 형평성, 객관성을 유지하면서 엄정하게 진행한다. 보육실습기관에서 작성한 결과보고서와 평가서는 추후 보육실습 교과목 성적의 상당한 비중을 차지하므로 보육실습생은 보육실습과 관련한 평가의 세부 내용을 알고 있는 것이 중요하다.

3) 보육실습 지도교수의 보육실습기관 방문 평가

성공적인 보육실습을 위해 대학 등의 양성기관과 보육실습기관 간의 협력은 매우 중요하다. 두 기관의 협력 관계는 실습기관을 선정할 때부터 시작된다. 대학 등의 양성기관에서는 학생과 협의하여 실습기관을 선정한 후, 문서나 전화로 실습기관과 교류를 한다. 이후 보육실습생이 보육실습을 시작하면 보육실습 지도교수는 6주 연속형과 분리형에 따라 기간에 맞춰 실습기관을 방문하여 보육실습생의 실습 내용을 확인하고 평가한다.

보육실습 지도교수는 보육실습기관을 방문하기 전 '보육실습 방문 계획서'를 작성하며, 사전에 해당 기관과 협의하여 방문 일자를 정한 후 실습기관을 방문한다. 실습기관을 방문할 때 보육실습 지도교수는 원장이나 실습지도교사에게 대학 등의 양성기관의 실습 운영 특성과 보육실습 준비 상태, 보육실습생의 성격과 배경 등에 대해 알려준다. 원장이나 실습지도교사는 보육실습 지도교수에게 보육실습생의 근무태도와 자질, 반 운영을 위한 역할 수행 정도 등과 관련한 보육실습 상황을 전달한다. 이후 보육실습기관에서 마련해 주는 별도의 독립된 공간에서 보육실습 지도교수와 보육실습생은 실습 기간 동안에 향상된 점이나 애로

점뿐만 아니라, 전반적인 보육실습 과정에 대해 이야기를 나눈다. 보육실습 지도교수의 방문 당일 보육실습생의 보육활동이 있는 경우에 수업을 참관할 수도 있다(박찬옥, 곽현주, 이예숙, 오경숙, 2020, p. 238). 보육실습 방문을 마친 후 보육실습 지도교수는 실습기관에 대한 인적·물리적 환경, 보육실습 조건의 적합성, 보육실습기관의 요구사항, 보육실습 과정, 보육실습생의 실습 참여 태도, 취업 상담 등을 종합 정리하여 '보육실습 기관 방문 결과보고서'를 작성한다. 보육실습 지도교수의 보육실습기관을 방문 전 유의사항과 방문 시 확인 사항은 〈표 8-3〉와 같다.

표 8-3 보육실습 지도교수의 보육실습기관 방문 전 유의사항과 방문 시 확인 사항

구분	내용
방문 전 유의 사항	• 보육실습 지도교수는 되도록 모든 학생의 보육실습기관을 직접 방문한다. • 방문할 보육실습기관과 사전에 연락하여 방문 일시를 정한다. • 실습기관의 사정에 의해 방문지도가 어려운 경우에는 실습기관과 협의하여 전화, 서면, 온라인 등으로 정보를 교류한다.
방문 시 확인 사항	• 원장, 실습지도교사와 학생의 보육실습 수행에 관해 협의한다. • 원장과 실습지도교사가 느끼는 실습 지도상의 어려움, 보육실습생의 태도를 경청한다. • 보육실습생의 보육실습 진행 여부를 관찰한다. • 보육실습생에게 심리적·정서적 지원을 해준다. • 보육실습생으로서 겪은 실습 시의 어려운 점을 경청한다. • 보육실습기관의 협조 정도와 실습 기관의 인적·물리적 환경을 파악한다. • 보육실습기관이 보육실습에 적합한 시설 규모와 운영 특성을 갖추었는지 확인한다. • 양성기관과 보육실습기관 간의 지속적인 협력 관계를 모색한다.

〈출처〉 보건복지부, 한국보육진흥원(2017). **양성교육기관에서의 보육실습지도**, p. 75.

4) 보육실습 평가회

(1) 보육실습기관의 실습평가회

보육실습기관에서는 실습 과정을 마친 후, 보육교직원과 보육실습생이 함께 참여하여 보육실습 평가회를 갖는다. 실습평가회에서 보육실습생은 보육활동운영에 대한 경험, 보육실습 전·후의 변화, 보육실습생 간 보육일지의 공유, 교재교구 공유, 보육실습 운영에 대한 의견, 보육실습을 마친 후 느낀 점 등의 내용에 대해 함께 이야기를 나눈다. 이를 통해 보육실습생은 예비보육교사로서의 역할 수행에 대한 경험을 되돌아 볼 수 있으며, 원장과 실습지도교사는 보육실습생으로 하여금 자신의 장단점을 파악할 수 있도록 함으로써 향후 보육교사로서의 진로에 대해 조언을 해준다. 분리형 보육실습을 한 경우, 보육활동계획안을 작성하여 운영한 실습기관에서 최종 실습평가회를 한다.

(2) 대학 등의 양성기관의 실습평가회

대학 등의 양성기관에서는 6주간의 모든 보육실습을 마친 후, 전체 교과목 수강 학생과 학과 교수가 모여 실습평가회를 실시한다. 이때 향후 보육실습을 할 2, 3학년 학생들도 함께 참여할 수 있다. 학과에서 진행하는 실습평가회에서는 보육실습기관의 현황, 실습기관의 보육프로그램, 특색 있는 점, 보육실습생으로서 보육실습 전·후의 변화, 원장과 실습지도교사와의 관계, 보육실습 운영에 대한 개선과 요구사항 등에 대해 이야기를 나눈다. 보육실습기관별로 보육실습생들이 함께 실습평가회 자료를 준비할 수 있으며, 실습평가회를 통해 보육실습에 대한 구체적이고 실제적인 문제점을 찾아 보육실습의 개선 방안을 모색할 수도 있다. 이때 보육실습생을 지도하였던 실습지도교사나 원장을 초대하여 보육실습기관의 측면에서 바라본 실습 평가내용을 듣는 기회를 가질 수도 있다. 대학 등의 양성기관에서 실습평가회를 진행할 때 학생이 고려해야 할 사항은 다음과 같다(보건복지부, 한국보육진흥원, 2017, p. 77).

- 보육실습기관이나 실습지도교사의 잘못된 점을 논의하는 시간이 아님을 염두에 두고, 현장에서 이론을 접목한 점, 실습지도교사의 적절한 조언이나 평가, 현장에서 배울 점 등 보육실습생으로서 자신에 대해 평가한다.
- 보육교사로서의 전문성을 확보할 수 있도록 지속적인 개선 노력과 이를 위한 다각적인 해결방안에 중점을 두고 다른 학생들과 열린 마음으로 의견을 나눈다.
- 6주 동안 진행된 보육실습의 내용에 중점을 두어 예비보육교사로서 성장할 수 있는 자신의 장점과 약점에 대해 평가한다.
- 영유아를 관찰하고 직접 지도한 보육활동 경험을 바탕으로 자신의 교수-학습방법을 회상하여 다른 학생들과 비교해 본다.
- 동료학생들과 보육실습일지를 서로 나누어 읽어보면서 서로에게 조언을 해주는 등 상호보완적인 평가 시간이 되게 한다.
- 보육실습에서 드러난 문제에 대해 다각적인 차원에서 원인과 해결책을 모색할 수 있도록 노력한다.

5) 보육실습 최종 평가

대학 등의 양성기관은 보육실습기관과 동일한 평가 기준을 사용할 수 있으나 보다 다양한 평가도구와 준거를 활용하여 종합적인 평가를 한다. 보육실습 교과목 담당 교수는 보육실습기관에서 평가하여 송부한 보육실습 평가표와 보육실습 결과보고서, 보육실습기관 방문을 통해 확보한 원장과의 면담자료, 보육실습기관의 현황과 실태, 보육실습생의 관찰기록과 보육실습일지, 보육활동계획안, 교구제작 계획안, 사진 자료 등과 같은 각종 자료에 근거하여 종합적으로 평가함으로써 학생의 교과 성적을 최종 산출한다. 또한, 보육실습 교과목 담당 교수는 보육실습기관에서 송부된 보육실습평가표의 평가 내용을 해당 학생들과 공유할 수 있다. 이때, 보육실습 교과목 담당 교수는 보육실습생의 총 평가 점수보다는 보육실습생의 실습평가 정도와 실습지도교사가 평가한 내용을 비교하면서 학생이 좀 더 구체적으로 자신의 장단점과 보육실습 수행 정도를 파악할 수 있는 시간이 되도록 한다.

「영유아보육법 시행규칙」(2016. 8. 1. 시행, 보건복지부령 제392호)에 따르면 보육실습의 평가는 보건복지부장관이 정하는 보육실습일지와 보육실습 평가서에 근거하여 하되, 평가점수가 80점 이상인 경우에만 보육실습을 이수한 것으로 인정한다. 따라서 보육교사의 자격 취득을 위해서는 보육실습기관에서의 실습점수와 보육실습 교과목의 이론 점수의 합이 80점 이상이어야 한다. 보육실습이 2회에 걸쳐 진행될 때는 2개 보육실습기관의 보육실습 내용에 따라 점수 비중을 달리하여 평가한다.

3. 보육실습 사후관리

1) 보육실습 관련 자료 보관

보육실습기관에서는 보육실습이 종료된 후 14일 이내에 대학 등의 양성기관으로 보육실습과 관련한 서류(〈표 8-4〉 참조)를 송부해야 한다. 이후 대학 등의 양성기관에서는 영구보존해야 할 자료와 5년간 보관해

| 표 8-4 | 보육실습과 관련한 송부 자료와 보관 자료

구분	자료	비고
송부자료 (보육실습기관 ↓ 양성기관)	• 보육실습생 출근부 • 보육실습일지 • 보육실습 확인서 • 보육실습 평가서 • 보육실습 최종평가보고서 • 보육실습비 영수증	• 보육실습일지는 보육실습생이 양성기관에 직접 제출함
	• 보육실습지도교사 자격증 사본 • 보육실습 인가증 사본 또는 어린이집 위탁계약증서 사본	• 2013년 3월부터 어린이집에서 보육실습을 하는 경우, 「어린이집지원시스템」에 보육실습 내용을 등록함 • 「어린이집지원시스템」에서 보육실습 확인서 출력 시 불필요함
양성기관 보관자료	• 보육실습 확인서 사본 • 보육실습기관 방문 결과보고서 • 보육실습평가서 • 보육실습비 영수증 • 보육실습 동의서 • 보육실습생 기록대장	• 보육실습생 기록대장은 영구보존하고, 나머지 자료는 5년간 보관함
	• 실습지도교사 자격증 사본 • 보육실습기관 인가증 사본 또는 어린이집 위탁증서 사본	• 「어린이집지원시스템」에서 보육실습 확인서 출력 시 불필요함

〈출처〉 보건복지부, 한국보육진흥원(2017). **양성교육기관에서의 보육실습지도**, p. 81.

야 할 자료를 구분하여 보관한다. 영구보존해야 할 자료는 보육실습생의 성명, 학번, 실습 기간, 실습기관명과 주소, 실습지도교사명과 자격증 번호, 보육실습 점수를 기록한 보육실습생 기록 대장 등이다.

2) 보육실습 자격증 신청

보육실습 자격증은 개인과 단체(대학 또는 보육교사교육원에 한함)로 신청할 수 있는데, 보육인력국가자격증홈페이지(http://chrd.childcare.go.kr)를 통해 신청하는 것을 원칙으로 하고, 방문을 통해서도 신청할 수 있다. 인터넷 신청 시 홈페이지의 개인정보와 발급신청서의 내용 수정은 '나의 자격증 신청진행현황'에서 인터넷 신청 완료 단계까지만 가능하다. 자격증 신청과 관련된 모든 구비서류는 (재)한국보육진흥원 자격관리팀으로 등기발송해야 하며(등기번호 보관 요망), 자격증 신청 후 반드시 '나의 자격증 신청진행현황'을 통해 진행상황을 확인하도록 한다.

Appendix

부록

〈부록 1〉 보육실습 신청서 예시

〈부록 2〉 보육실습생 신상카드 예시

〈부록 3〉 보육실습생 서약서 예시

〈부록 4〉 보육실습일지 예시

4-1. 보육실습기관현황 예시

4-2. 보육실습생 출근부 예시

4-3. 영아반 영역별 보육활동계획안 예시

4-4. 유아반 영역별 보육활동계획안 예시

4-5. 영아반 일일 보육활동계획안 예시

4-6. 유아반 일일 보육활동계획안 예시

〈부록 5〉 보육실습확인서(2017. 1. 1 이후)

〈부록 6〉 보육교사 자격증 발급신청서 양식

❙ 부록 1 ❙ 보육실습 신청서 예시

보육실습 신청서

<table>
<tr><th colspan="4">학 생 정 보</th></tr>
<tr><td>성 명</td><td></td><td>학과/학번</td><td>/</td></tr>
<tr><td>보육실습 기간</td><td colspan="3">년 월 일 ~ 년 월 일 (6주 240시간 이상)</td></tr>
<tr><td>집주소</td><td colspan="3">우편번호)</td></tr>
<tr><td>핸드폰</td><td></td><td>집/직장</td><td>집 :
직장 :</td></tr>
<tr><td>E-mail 주소</td><td colspan="3"></td></tr>
</table>

<table>
<tr><th colspan="2">희망 보육실습기관 정보</th></tr>
<tr><td>보육관련
이수교과목
(이수교과목을
모두 적으시오)</td><td>: 총 ( )개 과목 이수</td></tr>
<tr><td>실습 희망 지역</td><td></td></tr>
<tr><td>보습실습 희망
기관유형</td><td>① 국공립어린이집 ( ) ② 법인어린이집 ( )
③ 직장어린이집 ( ) ④ 가정어린이집 ( )
⑤ 부모협동어린이집 ( ) ⑥ 민간어린이집 ( )
⑦ 종일제 유치원 ( )</td></tr>
<tr><td>기타 희망사항</td><td></td></tr>
</table>

부록 2 보육실습생 신상카드 예시

보육실습생 신상카드

<table>
<tr><td rowspan="2">성 명</td><td>한 글</td><td>(여, 남)</td><td rowspan="4">(사 진)</td></tr>
<tr><td>한 자</td><td>학과</td></tr>
<tr><td>생 년 월 일</td><td colspan="2"></td></tr>
<tr><td>소 속 대 학</td><td colspan="2"></td></tr>
<tr><td>주 소</td><td colspan="3"></td></tr>
<tr><td rowspan="3">학 력</td><td colspan="3"></td></tr>
<tr><td colspan="3"></td></tr>
<tr><td colspan="3"></td></tr>
<tr><td>보육관련
이수 교과목</td><td colspan="3"></td></tr>
<tr><td colspan="3">보육관련 경험(예 : 캠프교사, 교회 내 유치부활동 등)</td><td></td></tr>
</table>

위의 사항이 틀림없음을 확인합니다.

년 월 일

본인 서명 (인)

OOO원장 귀하

| 부록 3 | 보육실습생 서약서 예시

보육실습생 서약서

성 명 :

소 속 :

상기 본인은 귀 어린이집의 보육실습생으로서 보육실습의 목적과 중요성을 충분히 이해하고 어린이집의 제반 규정을 성실히 준수하여 보육능력 향상에 최선을 다할 것을 서약합니다.

20 년 월 일

보육실습생 : (인)

OOO어린이집 원장 귀 하

❙ 부록 4-1 ❙ 보육실습기관현황 예시

보육실습기관현황

<table>
<tr><td>기관명</td><td colspan="4">○○○어린이집</td><td>유형</td><td colspan="2"></td><td>운영체</td><td colspan="4"></td></tr>
<tr><td>주 소</td><td colspan="12"></td></tr>
<tr><td>전화번호</td><td colspan="7"></td><td>원장명</td><td colspan="4"></td></tr>
<tr><td>설립이념</td><td colspan="12"></td></tr>
<tr><td>개인연락처</td><td colspan="6"></td><td colspan="2">E-mail 주소</td><td colspan="4"></td></tr>
<tr><td rowspan="3">연 혁</td><td colspan="12"></td></tr>
<tr><td colspan="12"></td></tr>
<tr><td colspan="12"></td></tr>
<tr><td>기관특성</td><td colspan="12">특수보육서비스(장애통합, 초등방과후, 야간, 연장, 휴일 보육 등)
기타 사항 : 평가인증 통과 년도 ( )</td></tr>
<tr><td>연령별 반</td><td>0세</td><td>1세</td><td>2세</td><td>3세</td><td>4세</td><td>5세</td><td rowspan="3">기타 종사자 수</td><td rowspan="2">사무원</td><td rowspan="2">취사부</td><td rowspan="2">영양사</td><td rowspan="2">간호사</td><td rowspan="2">기타</td></tr>
<tr><td>원아수</td><td></td><td></td><td></td><td></td><td></td><td></td></tr>
<tr><td>원아수</td><td></td><td></td><td></td><td></td><td></td><td></td><td></td><td></td><td></td><td></td><td></td></tr>
</table>

보육실습 반 현황

반명	반 (만 세)	보육실습 지도교사명	
영유아 수	총 명 (남아 명 / 여아 명)	보육교사 수	명

부록 4-2 보육실습생 출근부 예시

보육실습생 출근부

소속 :		학번 :	이름 : ○○○
보육실습기관	○○○어린이집 ○세 ○○반	보육실습 지도교사 : ○○○	
보육실습 기간	20 . . ~ 2020 . . (총 주간)		

구분	월	화	수	목	금
보육실습생	印	印	印	印	印
보육실습 지도교사	印	印	印	印	印
날 짜	월 일 시 분부터 시 분까지	월 일 시 분부터 시 분까지	월 일 시 분부터 시 분까지	월 일 시 분부터 시 분까지	월 일 시 분부터 시 분까지
보육실습생	印	印	印	印	印
보육실습 지도교사	印	印	印	印	印
날 짜	월 일 시 분부터 시 분까지	월 일 시 분부터 시 분까지	월 일 시 분부터 시 분까지	월 일 시 분부터 시 분까지	월 일 시 분부터 시 분까지
보육실습생	印	印	印	印	印
보육실습 지도교사	印	印	印	印	印
날 짜	월 일 시 분부터 시 분까지	월 일 시 분부터 시 분까지	월 일 시 분부터 시 분까지	월 일 시 분부터 시 분까지	월 일 시 분부터 시 분까지
보육실습생	印	印	印	印	印
보육실습 지도교사	印	印	印	印	印
날 짜	월 일 시 분부터 시 분까지	월 일 시 분부터 시 분까지	월 일 시 분부터 시 분까지	월 일 시 분부터 시 분까지	월 일 시 분부터 시 분까지
보육실습생	印	印	印	印	印
보육실습 지도교사	印	印	印	印	印
날 짜	월 일 시 분부터 시 분까지	월 일 시 분부터 시 분까지	월 일 시 분부터 시 분까지	월 일 시 분부터 시 분까지	월 일 시 분부터 시 분까지

* 결석·지각·조퇴는 불가하며, 불가피할 경우 위의 기재된 보육실습 기간 중 법적 이수 시간(240시간)을 채운다.

❙부록 4-3❙ 영아반 영역별 보육활동계획안 예시

<table>
<tr><td>영아 관찰</td><td colspan="3">보육교사가 아침에 하고 온 스카프를 보고 영아가 관심을 가진다. 영아가 보육교사의 스카프를 손으로 만져보고 선생님처럼 목에 둘러보기도 한다. 자유놀이시간에 음률영역에 있는 스카프를 보고 보육교사의 스카프를 가지고 놀이했던 것처럼 스카프를 만져보고 목에 둘러보기도 하고 2개의 스카프를 양손에 들고 흔들어 보기도 한다.</td></tr>
<tr><td>실습생</td><td>0 0 0</td><td>제출일</td><td>20**년 0월 0일</td></tr>
<tr><td>활동 예정일</td><td>20**년 0월 0일 화요일 맑음 예보</td><td>활동장소</td><td>보육실</td></tr>
<tr><td>활동명</td><td>색 스카프 움직이기</td><td>대상연령</td><td>2세</td></tr>
<tr><td>주제</td><td>알록달록 가을이 왔어요</td><td>활동영역</td><td>음률</td></tr>
<tr><td>활동 목표</td><td colspan="3">• 음악을 듣고 느낌에 따라 색 스카프를 흔들어 본다.
• 색스카프를 이용하여 다양한 모양으로 몸을 움직인다.</td></tr>
<tr><td>표준보육 과정 관련 요소</td><td colspan="3">• 신체운동 〉 신체활동 즐기기 〉 대소근육을 조절한다.
• 예술경험 〉 아름다움 찾아보기 〉 자연과 생활에서 아름다움을 느끼고 즐긴다.
• 예술경험 〉 창의적으로 표현하기 〉 움직임과 춤으로 자유롭게 표현한다.</td></tr>
<tr><td>활동자료</td><td colspan="3">다양한 색의 스카프(빨간색, 주황색, 노랑색, 연두색, 하늘색, 분홍색 등), 스피커</td></tr>
</table>

활동방법	자료 · 유의점
1. 색 스카프를 탐색한다. – (영아가 스카프를 만지고 있는 모습을 보고) 여러 가지 색깔의 스카프들이 있네. – 어떤 색깔의 스카프들이 있어? – (영아가 자신의 양말을 가리키면서 색깔을 이야기하면) 00이 양말처럼 주황색 스카프도 있네. – (영아가 역할영역에 있는 주전자를 가리키면서 색깔을 이야기하면) 주전자처럼 분홍색 스카프도 있네. – (보육교사가 스카프를 만지며) 스카프를 한 번 만져볼까? – 만져보니 어떤 느낌이 들어? – 스카프가 00이 이불처럼 보들보들하다. **2. 보육교사와 색 스카프를 잡고 흔든다.** – 스카프를 한 번 펼쳐볼까? – 우와! 스카프가 엄청나게 크다. – 스카프를 한 번 덮어볼까? – (00이가 스카프를 얼굴 끝까지 올려 가릴 경우) 어? 스카프를 덮으니 우리 00이 얼굴이 안 보여!	• 영아의 수만큼 스카프를 준비한다. • 영아가 양팔을 벌려 잡을 수 있을 크기의 스카프를 준비한다.

- 우리 000이 어디 있나, 까꿍! 여기에 있구나. - (보육교사가 스카프를 흔들며) 이제 스카프를 한 번 흔들어볼까? 우리 000이가 스카프를 흔들어봐. - 00 머리 위로 흔들흔들해볼까? - 00 얼굴에 흔들흔들해볼까? - (영아가 스카프를 얼굴 앞에서 흔들 경우) 우리 000이가 보였다, 안 보였다 하네. - 선생님 얼굴에도 흔들흔들해보자. - (영아가 스카프를 선생님 얼굴 앞에서 흔들 경우) 우리 000이 선생님 얼굴 잘 보여? - 나비가 날아가는 것처럼 스카프를 살살 흔들어볼까? - (영아가 스카프를 살살 흔들 경우) 스카프가 살랑살랑 춤을 추는 거 같네. - 이번에는 우르르 쾅쾅 번개가 치는 것처럼 세게/ 빠르게 흔들어 보자.	• 영아가 스카프를 흔들 수 있는 공간을 확인한다.
3. 내 머리 위로 스카프를 날리고 손을 뻗어 스카프를 잡는다. - (스카프를 000이 머리 위로 날리며) 선생님은 000이 머리 위로 스카프를 날려봐야겠다. 스카프가 000이 머리에서 바닥으로 떨어지네. - 000이 떨어지는 스카프를 한번 잡아볼래? 스카프가 빨리 떨어져서 잡기 어렵구나. 그래도 000이는 할 수 있어. - 몸을 쭉 뻗고, 팔을 쭉 뻗어서 잡아보자. - (영아가 스카프를 잡았을 경우) 우와! 000이가 떨어지는 스카프를 잡았어. - (영아가 뛰어서 잡을 수 있도록 높게 날리며) 이번에는 선생님이 000이 머리 위로 더 높게 날려봐야지. - (영아가 두 발을 뛰어 점프하며 잡을 경우) 우리 000이 뛰는 모습이 토끼가 깡충 하는 거 같다.	• 영아의 신체부위 명칭과 모양, 스카프의 위치와 방향 등 다양한 어휘를 사용하며 활동을 한다.
4. 음악을 들으며 스카프를 이용해 자유롭게 표현해 본다. - 우리 000이가 토끼처럼 뛰어서 스카프를 잡아봤으니까, 노래를 들으면서 스카프를 흔들어 볼까? - (영아가 몸을 좌우로 흔들 경우) 우리 000이 산토끼 노래를 들으니 신이 나는구나. - 000이가 스카프를 위아래로 빠르게 움직이고 있구나! - 이번에는 옆으로 흔들흔들해볼까? - 이번에는 무릎 앞에서 흔들흔들해볼까? - 이번에는 양손에 하나씩 들고 흔들어 보자. 	

– (영아가 분홍색 스카프와 초록색 스카프를 골랐을 경우) 우리 OOO이 분홍색이랑 초록색 스카프를 같이 흔들고 싶구나. – (영아가 토끼처럼 스카프를 머리 위에 들고 뛸 경우) OOO이가 스카프를 머리 위로 들고 깡충깡충 뛰니까 토끼 같다. **5. 다음에 스카프 놀이를 또 해본다.** – 오늘 스카프를 위로도 던져보고, 까꿍 놀이도 해보고, 산토끼 노래를 들으며 해봤는데 재밌었니? – (영아가 고개를 끄덕일 경우) 다음에는 선생님이 더 여러 가지 스카프를 준비해올게. – 빠른 노래로 흔들기를 해봤으니, 다음에는 느린 노래에 맞춰 흔들기도 해보자.	
확장활동	• 다양한 색의 스카프를 제공하여 여러 가지 색을 탐색해 볼 수 있도록 도와준다.

〈출처〉 보건복지부(2013). **어린이집 표준보육과정에 기초한 영아보육프로그램 2세 3권**, p. 78을 재구성함.

부록 4-4 유아반 영역별 보육활동계획안 예시

유아관찰	방학동안 바다를 보고 온 유아가 방학 지낸 이야기로 파도에 대해 이야기를 한다. 파도의 높이에 대해 손으로 설명하며, 파도가 움직이는 모습을 몸으로 표현한다. 다른 유아들도 파도를 본 경험에 대해 이야기하며 손과 몸을 흔든다.		
실습생	0 0 0	제출일	20**년 0월 0일 금요일
활동 예정일	20**년 0월 0일 화요일 맑음 예보	활동장소	보육실
활동명	파도가 되어보아요	대상연령	4세
주제	여름	활동영역	음률
활동목표	• 파도의 다양한 움직임에 관심을 갖는다. • 스카프를 이용하여 파도의 움직임을 표현한다.		
누리과정 관련요소	• 신체운동 · 건강 〉 신체활동 즐기기 〉 신체 움직임을 조절한다. • 예술경험 〉 아름다움 찾아보기 〉 자연과 생활에서 아름다움을 느끼고 즐긴다. • 예술경험 〉 창의적으로 표현하기 〉 신체나 도구를 활용하여 움직임과 춤으로 자유롭게 표현한다.		
활동자료	파도 사진, 바구니, 스카프, 시청각 자료(파도 동영상, 과음)		

활동방법	자료 · 유의점
1. 파도 소리를 들으며 수수께끼 놀이를 한다. – (보육교사가 파도 소리를 들려주며) 이게 무슨 소리일까? – 소리의 주인공을 수수께끼로 낼 테니 너희가 맞춰주겠니? – 첫 번째로 이것은 바다에서 볼 수 있어. – 두 번째로 이것은 소리도 내고 춤도 춰. – 마지막으로 너희들이 이것 위에서 튜브를 탄다면 몸이 저절로 움직일 거야.	• 시청각 자료의 소리 크기와 음질을 미리 확인한다.
2. 파도를 본 경험에 대해 이야기 나눈다. – (파도 사진을 보며) 파도를 본 적이 있니? – 00이 말해준 것처럼 파도는 구불구불하고 물이 하얀색처럼 보여. – 파도가 어떤 소리를 냈었니? – 파도가 어떻게 움직였니? – 파도가 움직이는 모습을 출렁출렁, 꿀렁꿀렁, 철퍼덕이라고 재미있게 표현해 주었구나.	
3. 다양한 모습의 파도 동영상을 보며 탐색한다. – (잔잔한 파도/중간 파도/큰 파도 동영상을 보며) 파도가 어떻게 움직이는지 손으로 따라서 해보겠니? 더 큰 파도는 어떻게 표현할 수 있을까? – 00는 빠르게 손을 움직여서 빠른 파도를 보여주었구나! – 이번에는 파도를 머리와 어깨를 사용해서 표현해 보자.	• 개인공간에서 충분히 탐색한 후 일반 공간에서 탐색할 수 있도록 한다.

– 파도가 앞으로 왔다가 뒤로 가는 것은 어떻게 표현할 수 있을까? – 00는 몸을 앞뒤로 움직이면서 파도를 표현해 주었구나!	
4. 파도 영상을 보며 이야기를 듣는다. – 영상에 맞춰 파도 이야기를 들려줄게. 파도 이야기를 들으면서 파도가 된 것처럼 손을 움직여보자. 나는 커다란 바다의 물입니다. 바람이 살랑살랑 불어와 내 몸을 간지럽힙니다. 아이, 간지러워 몸을 조금씩 움직입니다. 바람이 세어지기 시작합니다. 휘 잉 휘 잉 내 몸이 크게 흔들리기 시작합니다. 앞으로 죽 갔다가, 뒤로 휙 밀려갑니다. 더 센 바람이 붑니다. 휘 익 휘 익 나는 큰 파도가 됩니다. 커다란 집만큼, 커다란 고래만큼 커졌습니다. 나는 막 굴러서 앞으로 갑니다. 또 굴러서 뒤로 갑니다. 막 달려갑니다. 휘 잉 휘 잉 **4. 스카프를 자유롭게 탐색한다.** – 스카프를 이용할 때는 어떤 약속을 지켜야 할까? – 스카프를 사용할 수 있을 만큼의 두 팔을 벌려서 공간을 만들어 보자.	• 파도의 방향, 모양, 속도 등 다양하게 표현할 수 있는 상황이 포함된 이야기를 들려준다.
5. 파도 소리와 이야기에 맞춰 스카프로 자유롭게 표현한다. **6. 활동을 회상하며 평가한다.** – 스카프를 어떤 모양으로 흔들었을 때 가장 즐거웠니? – 내가 표현한 파도를 소개해 줄 수 있니? – 000이는 손으로 파도를 표현했구나. 파도는 000이 표현한 것처럼 느리기도 하고 빠르기도 하다. – 가장 큰 파도를 표현하려면 팔을 어떻게 움직여야 했니? – 000이는 손으로 굽혔다 폈다 파도를 표현하려고 했는데 잘되지 않아서 어려웠구나. 그래도 포기하지 않고 계속 표현했었네. 멋지다!	• 보육실 내 공간이 좁을 경우, 교구장을 이동하거나 두 그룹으로 나누도록 한다.

확장활동	• 자유놀이 시간에 스카프를 이용하여 자유롭게 놀이할 수 있도록 보육실 내에 비치해 둔다.

〈출처〉 Y 유치원 활동을 재구성함.

❙ 부록 4-5 ❙ 영아반 일일 보육활동계획안 예시

실습생	000	지도 교사		원장	
학급명	00반(2세)	날짜 · 날씨	20**년 00월 00일, 맑음		
주 제	알록달록 가을이에요.	소주제	나뭇잎이 물들어요.		
일일목표	• 가을에 볼 수 있는 나뭇잎에 관심을 갖고 다양한 나뭇잎으로 놀이해 본다.				
일과(시간)	계획 및 실행			자료 · 유의점	
등원 · 통합보육 7:30~9:00	[등원] • 영아들이 등원하기 전 보육실 창문을 열어 환기시키고 놀잇감을 정리 정돈한다. • 등원하는 영아와 반갑게 인사를 나눈다. – 00아, 안녕! – 00이 오늘은 모자를 쓰고 왔네. 모자가 잘 어울린다. • 영아의 기분과 건강 상태를 살핀다. – 00이 오늘 기분이 좋구나! 선생님도 오늘 날씨가 좋아서 기분이 좋아. – △△이 오늘 기분이 안 좋은 것 같네. 왜 그런지 안 선생님한테 얘기해 줄래? – □□아, 오늘 아픈 곳은 없니? 오늘 놀이하다가 몸이 안 좋아지면 선생님한테 바로 말해줘. • 영아 가방에 있는 투약의뢰서를 확인한다. – □□아, 엄마가 □□이 약 먹으라고 가방에 넣어주신다고 하셨어. 선생님이 가방 한번 볼게. [등원 후 정리 정돈] • 영아가 스스로 물건을 정리할 수 있도록 지도한다. • 자신의 얼굴이 있는 신발장에 신발을 정리할 수 있도록 지원한다. – 00아, 신발 벗어볼까? – (영아가 신발을 벗기 어려워할 경우) 선생님이 신발 벗는 거 도와줄게. – 00이 얼굴 있는 신발장에 신발을 넣어볼까? – 우와! 우리 00이는 신발도 잘 정리하는구나. • 영아가 가방을 스스로 벗을 수 있도록 가방을 잡아준다. – 신발을 정리했으니까, 가방을 벗어볼까? – (영아가 가방을 혼자 벗기 어려워할 경우) 선생님이 가방 벗는 것을 도와줄게.			• 영아 개별 소지품과 투약 의뢰서, 약 등을 확인한다.	

<table>
<tr>
<td></td>
<td>• 영아가 스스로 옷을 벗을 수 있도록 도와준다.
– OOO이 겉옷은 어떻게 입고 벗을 수 있을까?
– OOO이 겉옷은 지퍼로 되어있구나!(선생님의 도움을 받아 지퍼는 내리고 단추는 풀어본다).
– OOO이 혼자 겉옷을 벗어볼까?
– (영아가 겉옷을 벗기 어려워할 경우) 선생님이 옷을 잡고 있을 테니까 지퍼를 한번 내려보자.
– 우와! 우리 OOO이는 겉옷도 잘 벗을 수 있구나. 겉옷은 옷걸이에 걸어두자.

[통합보육]
• 아침에 먹고 온 음식에 대해 이야기를 나눈다.
– OOO이 아침에 밥 먹고 왔니?
– (영아가 아침 식사를 한 경우) OOO이 아침 먹고 왔구나. 뭐 먹었니?
– OOO이 아침밥을 맛있게 먹고 왔으니까 이제 즐겁게 놀이하러 가자.
• 다른 친구들이 등원할 때까지 자유롭게 놀이한다.
– 친구들이 올 때까지 놀이하면서 기다리자.</td>
<td>• 영아가 입고 있는 옷에 지퍼나 단추가 있는지 확인한다.</td>
</tr>
<tr>
<td>오전 간식
9:00~
9:30</td>
<td>[간식 준비]
• 간식 먹을 시간을 알려준다.
– 시계에 짧은 바늘이 하트에 있네? 하트에 있으면 무슨 시간일까?
– (간식 먹을 시간이라고 말할 경우) 간식을 먹을 시간이구나!
– 간식 먹기 전에 놀잇감들을 정리하자.
• 간식을 먹기 전에 손을 씻는다.
– OOO아, 간식 먹기 전에 손을 씻자.
– 우와! OOO이 손을 깨끗이 씻었구나!
• 간식을 준비하기 전 책상을 깨끗이 닦는다.
• 간식이 무엇인지 알아본다.
– 조리사 선생님께서 간식을 보내주셨네.
– OOO아, 오늘 간식이 뭔지 말할 수 있니?
– (모른다고 말할 경우) 그럼 같이 알아볼까?
– 오늘 간식은 배구나! 조리사 선생님이 배 껍질을 다 벗겨주셔서 노란색 배가 하얗게 되었네.
• 자리에 앉아 즐겁게 간식을 먹는다.
– OOO아, 우리 자리에 앉아서 간식을 먹어볼까?
– 선생님이 간식을 나눠줄 테니 맛있게 먹자.</td>
<td>• 간식: 배
• 개인접시, 포크</td>
</tr>
</table>

	• 간식을 먹을 도구를 사용하도록 격려한다. – OO이 손으로 집어먹고 싶구나. 포크로 한번 먹어볼까? 포크로 콕 찍어서 한번 먹어보자. – (포크를 이용하는 경우) 우리 OO이 포크로도 잘 먹을 수 있구나. [간식 후 정리 정돈] • 간식을 먹은 후 자신이 사용한 그릇과 포크를 정리할 수 있도록 지도한다. – OO이 배를 다 먹었구나! 더 먹고 싶니? – (더 먹기 싫다고 할 경우) 간식을 다 먹었으면 어떻게 해야 할까? – (대답을 못하는 경우) 포크를 포크집에 넣어보자. • 간식을 먹은 후 영아들의 책상을 깨끗이 닦는다. – 선생님이 OO이 재밌게 놀이할 수 있도록 책상을 깨끗이 닦아줄게. – 우와! OO이 선생님을 도와줄 수 있구나. 고마워. • 정리 정돈을 마친 영아는 자유놀이를 시작할 수 있도록 지도한다. – OO이 간식을 다 먹었으니까 이제 재밌게 놀아보자.	
오전 실내놀이 9:30~ 11:20	[감각·탐색활동] 나뭇잎 방석 • 다양한 나뭇잎을 탐색해 본다. • 지퍼백을 다양한 미술재료를 이용해 꾸며본다. • 지퍼백에 나뭇잎을 넣어 방석을 만든다. • 자신이 만든 나뭇잎 방석에 앉아보며 놀이한다.	• 나뭇잎, 지퍼백, 꾸미기 재료 (스티커, 네임펜)
	[신체활동] 나뭇잎 징검다리 건너기 • 다양한 나뭇잎을 탐색해 본다. • 다양한 나뭇잎을 이용해 징검다리를 만들어본다. • 나뭇잎으로 만든 징검다리를 건너본다.	• 나뭇잎
	[미술활동] 나뭇잎 왕관 만들기 • 다양한 나뭇잎을 탐색해 본다. • 왕관 모양의 종이를 영아들에게 나눠준 후 그 위에 풀로 나뭇잎을 붙인다. • 완성된 나뭇잎 왕관을 써보며 놀이한다.	• 나뭇잎, 왕관 모양종이, 풀
	[정리 정돈·이야기 나누기] • 놀잇감을 스스로 정리 정돈할 수 있도록 지도한다. • 정리 정돈을 마친 영아들과 보육실 한쪽에 모인다. • 오전 놀이가 어땠는지 이야기를 나눈다.	• 유아용 변기, 기저귀

	• 바깥놀이를 나갈 것이라고 영아들에게 이야기한다. • 바깥놀이를 나가기 전 영아 스스로 배변활동을 할 수 있도록 지도한다. • 배변활동 후 스스로 옷을 올릴 수 있도록 지도한다. • 기저귀 갈이가 필요한 영아는 기저귀를 갈아준다. • 스스로 손 씻기를 하도록 지도한다. • 스스로 겉옷을 입을 수 있도록 지도한다.	
바깥놀이 (대체) 11:20~ 12:00	[바깥놀이 준비] • 신발장에서 자신의 신발을 찾아 스스로 신어볼 수 있도록 지도한다. • 신발을 신은 후 짝꿍과 손을 잡고 두 줄로 선다. • 영아들이 다치지 않도록 위험한 요소가 없는 길로 이동한다. • 이동할 때 천천히 걸어가도록 지도한다. [바깥놀이] 가을 나들이 • 어린이집 근처를 산책하며 가을 날씨의 변화를 느껴보도록 한다. • 자연 속의 나무, 꽃, 풀, 낙엽, 곤충 등에 관심을 가지고 탐색해 본다. • 놀이 시간에 탐색한 나뭇잎을 찾아본다. • 놀이 시간이 끝난 후 어린이집으로 돌아갈 때 짝꿍 손을 잡고 천천히 걸어서 이동한다. • 자신의 얼굴이 있는 신발장에 신발을 정리할 수 있도록 지도한다. • 보육실로 이동하여 선생님의 도움을 받아 겉옷을 벗어 자신의 서랍장에 스스로 정리한다. • 정리를 마친 영아는 화장실로 이동하여 스스로 손 씻기를 하도록 지도한다. [대체활동] 떨어지는 나뭇잎을 몸으로 표현하기 • 나뭇잎이 떨어지는 영상을 보여준다. • 선생님과 영아가 함께 나뭇잎을 위에서 아래로 떨어뜨린다. • 떨어지는 나뭇잎의 모습을 몸으로 표현해 본다.	• 비상약 (밴드, 연고) • 영아가 주운 자연물을 바구니나 봉지에 담아온다.
점심식사 · 이닦기 12:00~ 13:00	[점심식사 준비] • 점심식사를 하기 전에 해야 할 것에 대해 이야기를 나눈다. – OOO아, 우리 바깥놀이 다녀왔으니까 이제 무엇을 해야 할까? – (손을 씻어야 한다고 말할 경우) 그럼 우리 손을 씻으러 가자.	• 점심: 잡곡밥, 된장국, 돈육 장조림, 숙주나물, 깍두기

- 우리 OO이 손을 깨끗이 씻었네. 이제 점심을 먹자.

• 점심 식사를 준비하기 전 책상을 깨끗이 닦는다.

• 점심 메뉴에 대해 이야기를 나눈다.
  - OO아, 오늘 점심식사가 무엇인지 같이 볼까?
  - 우와, 점심밥 반찬이 많네. 어떤 반찬부터 볼까?
  - 이 갈색 반찬 이름은 돈육 장조림이야.
  - 하얀색 반찬도 있네? 이 반찬 이름은 숙주나물 무침이야.
  - 이건 빨간색이네. 이것은 깍두기야.

• 영아들이 먹기 쉽도록 식판에 반찬을 작게 잘라 제공한다.
  - 선생님이 OO이 먹기 편하도록 반찬을 잘라서 나눠줄게.

• 자리에 바르게 앉아 즐겁게 먹는다.
  - 바르게 앉아서 점심을 맛있게 먹자.
  - 잘 먹겠습니다.

• 식사 도구를 사용하도록 지도한다.
  - OO아, 숟가락을 이용해서 밥을 먹을 수 있니?
  - (숟가락을 이용하는 경우) OO이 숟가락으로 밥을 잘 먹을 수 있는구나.
  - (숟가락을 이용하지 못하는 경우) 선생님이 숟가락 잡는 방법을 알려줄게. (숟가락 잡는 방법을 알려주며) 숟가락은 이렇게 잡는단다. 한번 해볼래?

• 새로운 음식을 먹어본다.

• 음식을 골고루 먹을 수 있도록 지도한다.
  - 우와! 오늘 밥 엄청 맛있다.
  - OO아, 깍두기를 씹을 때 어떤 소리가 나니?
  - (표현이 어려운 경우) 깍두기를 씹으니 '아삭아삭'소리가 나네. 깍두기를 먹어볼까?
  - OO이 깍두기도 잘 먹는구나!
  - 다른 반찬들도 먹어보자!

[점심식사 후 정리 정돈]

• 식사를 마친 후 영아의 잔반을 정리한다.
  - OO이 밥 다 먹었니?
  - 선생님이 식판 치워줄게.

• 점심을 먹은 후 자신이 사용한 식판과 식사 도구를 정리할 수 있도록 지도한다.
  - OO아, 점심을 다 먹었으면 어떻게 해야 할까?
  - 숟가락과 포크는 통에 넣어보자.

• 점심 식사를 마친 후 영아들의 책상을 깨끗이 닦는다.

	[이닦기] • 정리를 마친 영아들이 이닦기와 세수를 할 수 있도록 지도한다. – 점심을 다 먹었으니 이제 치카치카 이닦기 하러 가자! – 치카치카 이닦기를 하지 않으면 입속에 나쁜 병균이 생길 수 있대. – OOO이 치카치카 양치를 잘하네! – 우리 이닦기를 했으니까 이번엔 세수를 하자. – OOO이 세수를 하니까 피부가 뽀송뽀송해졌네. – 선생님이 로션을 손에 조금 묻혀줄 테니 얼굴에 발라 보자.	
낮잠 · 휴식 배변활동 13:00~ 15:00	[낮잠 준비] • 영아들에게 낮잠 잘 시간이라는 것을 알려준다. – OOO아, 시계의 짧은 바늘이 별 모양 스티커에 있네? 별에 있으면 뭐 하는 시간일까? – (낮잠 자는 시간이라고 말할 경우) 이제 잠을 자는 시간이네. – 잠을 잘 수 있게 준비하자. • 영아들의 침구를 준비한다. – OOO아, 선생님이 이불을 꺼내줄게. 이불 꼭 안아보자. – OOO이가 원하는 자리에다 이불을 펼쳐볼래? – OOO이 오늘은 거기서 자고 싶구나. • 영아들이 자리에 누울 수 있도록 지도한다. – OOO아, 베개를 베어볼까? – OOO아, 이불 덮어줄게. • 영아들이 편안하게 잠을 잘 수 있도록 커튼을 치고 조명을 조절한다. – 깜깜하게 해야 OOO이 편안하게 잘 수 있겠지? 선생님이 불을 꺼줄게. – OOO이 쪽에 햇빛이 들어오네? – 선생님이 커튼을 쳐줄게. • 영아들에게 편안한 음악을 들려준다. • 먼저 일어난 영아들은 자리에서 쉴 수 있도록 지원한다. – (소곤소곤 작게) OOO이 일어났구나! 잘 잤니? – 다른 친구들이 아직 자고 있으니까 우리 조용히 누워서 친구들이 일어날 때까지 기다려주자. [낮잠 후 정리 정돈] • 자고 일어난 후 베개와 이불을 사물함에 정리하도록 지도	• 커튼을 치고 조명을 끄거나 간접조명을 켠다. • 음악의 크기를 미리 확인한다. • 영아들이 편안한 음악을 들으며 잠을 잘 수 있도록 등을 토닥여준다. • 일어난 영아의 팔과 다리를 살짝살짝 주물러준다.

	한다. – (영아의 팔과 다리를 살살 주물러주며) OOO아 잘 잤니? – OOO아, 이제 일어날까? – OOO아, 이불을 어떻게 접어야 할까? – 선생님이 도와줄 테니 같이 접어볼까? – OOO이 이불을 잘 접을 수 있구나. – 선생님이 OOO이 얼굴이 있는 사물함에 이불을 넣을 테니, OOO이 얼굴이 있는 사물함에 베개를 넣어보자. [배변활동] • 영아 스스로 배변활동을 할 수 있도록 지도한다. – OOO이 화장실 가고 싶니? – 선생님이랑 같이 화장실 갈까? – 선생님이 바지 내리는 거 도와줄게. • 배변활동 후 스스로 옷을 올릴 수 있도록 지도한다. – OOO이 쉬 다 했어? – OOO이 바지 올려볼까? – OOO이 바지를 혼자서 올릴 수 있구나! 정말 잘 했어요. • 기저귀 갈이가 필요한 영아의 기저귀를 갈아준다. – OOO아, 선생님이 OOO이 기저귀를 한번 확인해볼게. – OOO이 쉬했구나. 선생님이 기저귀를 갈아줄게. – (영아와 눈을 맞추며 다정한 목소리로) 기저귀 갈 때 불편하진 않았니? – 기저귀가 뽀송뽀송하니까 기분 좋지? • 스스로 손 씻기를 하도록 지도한다. – OOO아, 쉬하고 나면 무엇을 해야 할까? – (손을 씻어야 한다고 말하지 못한 경우) 쉬 한 후에는 손을 깨끗이 씻어야 한단다. 우리 함께 가서 손을 씻자.	
오후 간식 15:00~ 15:30	• 오후 간식을 준비하기 전 책상을 깨끗이 닦는다. • 오후 간식에 대해 이야기를 나눈다. – 조리사 선생님께서 새로운 간식을 보내주셨구나. – 이번 간식은 뭘까? – (모른다고 말할 경우) OOO아, 그럼 우리 같이 확인해 볼까? – 오늘 간식은 간장 떡볶이와 우유구나. • 자리에 바르게 앉아 즐겁게 먹는다. – 자리에 앉아서 먹어볼까? – 선생님이 간식 나눠줄게. 맛있게 먹자. • 식사 도구를 사용하도록 지도한다.	• 간식: 간장 떡볶이, 우유 • 개인접시, 포크

<table>
<tr><td></td><td>– 떡볶이가 뜨거울 수도 있으니까 포크로 먹어보자.
– OO이 포크로도 잘 먹는구나.
• 간식을 더 먹고 싶어 하는 영아들에게 더 제공한다.
– OO이 간장 떡볶이 더 먹고 싶니?
– (더 먹고 싶다고 말할 경우) OO이 간장 떡볶이가 맛있었구나! 선생님이 더 줄게.
– 더 먹고 싶으면 언제든지 더 먹고 싶다고 말해줘.
• 간식을 먹은 후 자신이 사용한 그릇과 포크를 정리할 수 있도록 지도한다.
– OO아, 간식을 다 먹었으면 어떻게 해야 할까?
– OO아, 간식을 다 먹었으니까 포크를 포크집에 넣어볼까?
• 오후 간식을 먹은 후 영아들의 책상을 깨끗이 닦는다.
• 자유놀이를 시작할 수 있도록 준비한다.
– OO이 간식을 맛있게 다 먹었으니까 이제 재밌게 놀아보자.</td><td></td></tr>
<tr><td>오후 놀이
15:30~
17:00</td><td>[역할놀이] 나뭇잎 왕관을 쓰고 놀이해요.
• 오전에 만든 나뭇잎 왕관을 머리 위에 써본다.
• 나뭇잎 왕관을 쓰고 있는 나의 모습을 거울로 본다.
• 나뭇잎 왕관을 머리에 쓰고 자유롭게 놀이한다.
• 영아들이 스스로 놀잇감을 정리할 수 있도록 지도한다.</td><td>• 오전에 만든 나뭇잎 왕관</td></tr>
<tr><td>귀가·
통합보육
17:00~
19:00</td><td>[귀가 준비]
• 오늘 활동에 대해 이야기를 나눈다.
– OO아, 오늘 하루 뭐가 제일 재밌었니?
– OO이 나뭇잎으로 노는 것이 재밌었구나.
– 내일도 선생님이랑 재밌게 놀자.
– OO이 엄마 만나면 나뭇잎으로 재밌게 놀았다고 엄마한테 말씀드리자.
– OO아, 이제 엄마 오실 시간이야.
– 우리 이제 집에 갈 준비하자.
• 집에 늦게 가는 영아들을 연장보육실로 이동할 수 있도록 지도한다.
– OO아, 엄마 오실 때까지 △△반에서 놀고 있자.
• 영아의 옷과 가방을 챙겼는지 살핀다.
– 이제 집에 가야 하니까 옷걸이에서 옷 가져오자.
– OO아, 겉옷 입는 거 선생님이 도와줄까?
– (도와달라고 말할 경우) 선생님이 잡아 줄 테니 입어보자.
– OO이 가방은 어디 있을까? 가방도 가져올래?</td><td>• 일과 특이사항을 실습지도교사에게 전달한다.</td></tr>
</table>

	[귀가 지도] • 하원하는 영아와 인사를 나눈다. – OOO아, 가을이라 날씨가 선선하구나. – 오늘 놀았던 나뭇잎이 밖에도 엄청 많구나. – 하늘도 엄청 높아. 집에 가면서 엄마랑 하늘도 보고 구름도 보고, 오늘 놀았던 나뭇잎도 찾아보자. • 안전하게 귀가하도록 지도한다. – OOO이 신발은 어디 있을까? 한번 찾아보자. – OOO이 신발을 잘 찾았네. – OOO이 혼자서 신발을 신을 수 있을까? – OOO이 신발을 혼자서 신을 수 있구나. 대단하다! – OOO이 엄마랑 조심해서 집에 가고 내일 만나보자. – 내일도 우리 재밌게 놀자. OOO아, 잘 가!	

〈출처〉 보건복지부(2013). **어린이집 표준보육과정에 기초한 영아보육프로그램 2세 3권 활동**을 재구성함.

▎부록 4-6 ▎ 유아반 일일 보육활동계획안 예시

실습생	000	지도 교사		원장	
학급명	00반(5세)	날짜 · 날씨	20**년 00월 00일, 맑음		
주 제	어린이집과 친구	소주제	함께 만드는 봄 동산		
일일목표	• 친구와 협력하여 놀이한다. • 동요를 신나고 즐거운 마음으로 부른다.				

일과(시간)	계획 및 실행	자료 · 유의점
등원 · 맞이하기, 오전 간식 8:30~ 10:10	[등원] • 보육실에서 등원한 유아를 맞이한다. • 선생님과 친구들에게 웃으며 인사한다. – (선생님을 만나면)안녕하세요, 선생님 – 안녕, OO아, 만나서 반가워. – 오늘 기분이 어떠니? / 멋진 옷을 입었구나. – OO아, 이제 무엇을 해야 할까? (가방 검사와 가방정리) • 유아에게 투약해야 할 약의 유무와 전달사항을 확인한다. [등원 후 정리 정돈] • 유아 스스로 가방과 소지품(옷)을 정리한다. • 먼저 등원한 유아에게 오전 간식을 먹을 수 있도록 지도한다. [간식] • 다른 유아들이 등원할 때까지, 오전 간식을 먹은 후, 자유놀이를 한다. [자유놀이 정리 정돈] • 유아가 자유놀이를 마무리할 수 있도록 5분 전에 알려주어 정리할 수 있도록 지도한다. • 보육교사가 정리시간을 알려주면 유아는 놀이하던 교구와 놀잇감을 정리 정돈한다. • 화장실에 다녀온 후 카펫 위에 앉아 이야기 나누기 준비를 한다.	• 유아를 반갑게 맞이하며, 유아들의 건강, 심리상태를 확인한다. • 정리 신호악기(종)
인사 및 일과 계획 10:10~ 10:20	• 노래 부르기로 주의집중을 한다. • 아침 인사 노래를 부르고 선생님, 친구들과 인사를 나눈다. – 우리 00반 친구들 인사해요! 안녕하세요. 옆에 있는 친구들의 얼굴을 쳐다보면서 "안녕, 친구야!"라고 인사해보자. 오늘도 만나서 반가워요 00반 친구들! • 오늘의 날짜와 요일에 대해 이야기한다.	• 융판, 보드마커

	– 오늘은 ○○○○년 ○월 ○일이에요. 오늘은 즐거운 ○요일. 오늘의 날씨는 어떤가요? 오늘의 날씨는 맑아요. • 오늘 온 유아가 몇 명인지 숫자를 외치며 세어본다. – 오늘 몇 명 친구가 왔는지 숫자를 외치며 세어볼까? – (다 세어본 후) 27번까지 세었구나. • 오늘의 일과를 소개한다. – 오늘은 제일먼저 ○○하고, 그 다음엔 ○○하고, 그다음엔 ○○하고, 그 다음엔 ○○하고 마지막에는 집에 가는 거야!	
대 · 소 집단활동 (게임) 10:20~ 10:40	[게임] 봄꽃카드 뒤집기 • 활동목표: 게임의 규칙을 지킨다. 다른 유아와 협력하여 게임을 한다. • 게임을 시작하기 전에 지난 시간에 배웠던 동시에 나왔던 꽃을 떠올리며 모양에 대해 이야기를 나눈다. • 카펫을 가운데 두고 팀을 2개(진달래 팀, 개나리 팀)로 나누어 팀 별로 마주 앉는다. • 게임의 규칙을 설명하면서 게임방법에 대한 시범을 보인다. – 우리 팀의 꽃 이름은 무엇인가요? – 우리 팀의 꽃이 보이도록 뒤집어 줄 거예요. 선생님의 탬버린 소리가 들리면 그 자리에서 멈춰요. • 유아들이 생각하는 규칙이 더 있는지 함께 이야기를 나눈다. • 게임을 진행한다. • 융판에 팀 이름을 붙이고 승점을 붙여 표시한다.	• 봄꽃카드(진달래, 개나리), 각 팀 머리띠, 융판, 보드마커, 탬버린
실내 자유놀이 10:40~ 11:40	[미술영역] 봄 동산 꾸미기 • 활동목표: 자신의 생각대로 자유롭게 봄 동산을 꾸민다. • 봄 동산 사진을 보며 이야기를 나눈다. • 다양한 그리기 자료를 활용하여 봄 동산을 꾸민다. • 봄 동산 꾸미기를 다 한 사람은 어떤 그림인지 간단히 소개하는 시간을 갖는다.	• 활동지, 연필, 색종이, 색연필, 사인펜
	[쌓기영역] 어린이집 정원 사진을 보고 카프라 구성하기 • 활동목표: 소근육을 이용해 어린이집 정원을 구성한다. • 어린이집 정원 사진을 보고 이야기를 나눈다. • 어린이집 정원 사진을 보고 5~6명 친구들과 함께 어린이집 정원을 꾸며 본다.	• 나무블록, 어린이집 정원 사진
	[조작/언어영역] 봄에 볼 수 있는 동식물 퍼즐 맞추기 • 활동목표: 봄에 볼 수 있는 동식물의 이름으로 글자를 만든다. • 봄에 볼 수 있는 동식물에 대해 알아본다. • 봄에 볼 수 있는 동식물 퍼즐을 소개하고 활동방법에 대해	• 동식물 퍼즐, 참 한글 교구

	알아본다. • 퍼즐을 다 맞춘 후에, 참한글 교구로 글씨를 만든다. • 한번에 3~4명이 참여하여 놀이한다.	
대 · 소 집단활동 (음악) 11:40~ 12:00	[새노래] 네잎클로버 • 활동목표: 봄에 관련된 노래를 부른다. • 클로버 사진을 보며 이야기를 나눈다. • 노래를 듣고 난 후 느낌을 이야기한다. – 노래를 듣고 어떤 느낌이 들었나요? • 다양한 방법으로 노래를 불러본다. – 한 줄씩 따라 부르기 – 전체 소절 부르기 – 반복되는 노랫말 다르게 바꾸어 불러보기 • 노래가 익숙해지면 율동을 만들어본다. • 율동을 만든 후 노래를 부르며 율동을 한다. • 새 노래를 배우고 난 후 느낌에 대해 이야기를 나눈다.	• 클로버 사진, 가사판, 음원
대 · 소 집단활동 (언어) 12:00~ 12:20	[언어] 네잎클로버에 편지쓰기 • 활동목표: 감사편지를 쓰면서 사회성을 기른다. • 네잎클로버를 부르며 주의집중을 한다. • 새롭게 배운 네잎클로버 동요를 언급하며 네잎클로버에 대해 이야기를 나눈다. – 네잎클로버를 본 적이 있나요? – 어디서 보았나요? – 네잎클로버는 어떤 의미가 있을까요? • 하트 네 개를 붙여 네잎클로버 만들기 시범을 보여준다. • 네잎클로버를 만든 후, 그 위에 고마운 분들(엄마, 아빠, 선생님 등)에게 편지를 쓴다.	• 색종이로 접은 하트 네 개(1인당), 흰 도화지, 연필, 색연필, 사인펜
점심식사 · 이닦기 12:20~ 13:30	• 모둠별로 자리에 앉아 감사 인사 후 점심 먹을 준비를 한다. – 두 손 짝! 소리 없이 짝! 맛있는 점심 감사합니다! 잘 먹겠습니다! 선생님 먼저 드세요! 친구들아 맛있게 먹자! 잘 먹겠습니다! • 점심을 먹는다. • 반찬을 골고루 먹도록 지도한다. • 점심을 다 먹은 후, 도시락과 음식물을 정리한 후 스스로 이를 닦는다. • 이닦기가 끝난 후 카펫 위에 앉아 책을 읽는다.	• 배식도구, 식판
바깥놀이 13:30~ 14:30	[바깥놀이] 봄 산책하기 • 활동목표: 산책하며 들꽃이나 곤충들의 이름을 알아본다. • 산책을 가기 전에 이야기를 나눈다.	• 물, 구급약품

	– 오늘 어린이집에 오면서 무슨 꽃을 보았나요? – 선생님은 어린이집에 오면서 개나리, 진달래, 민들레꽃을 봤어요. – 오늘은 무슨 꽃들이 피어있나 보려고 해요. – 오늘 오래 걸을 건데 혹시 "저는 오래 못 걸을 것 같아요, 힘들 것 같아요!" 하는 친구가 있으면 말해 주세요. 너희들이 말해주면 잠깐씩 쉬었다가 갈 수 있어요. • 외투를 입고 한 줄로 서서 선생님을 따라 교실 밖으로 나간다. • 보육교사는 안전에 유의하며 산책을 하고 돌아올 수 있도록 지도한다.	
낮잠·휴식 14:30~15:30	• 개별 베개와 이불을 가지고 온다. • 편안한 음악을 들으며 휴식한다. • 낮잠을 자지 않는 유아는 일정 시간 누워서 쉰 후에 조용한 놀이를 하기로 한다.	• 개별 베개, 이불, 조용한 음악
오후 간식 15:30~16:00	• 간식을 먹기 전에 손을 씻는다. • 앉고 싶은 자리에 앉아 간식을 먹는다. • 다 먹은 후 정해진 자리에 그릇과 포크를 정리한다.	• 간식, 그릇, 포크
실내 자유 놀이 16:00~17:00	• 오전과 연계하여 다양한 놀잇감으로 자유롭게 놀이한다.	
귀가 지도 (통합보육) 17:00~19:30	• 오늘 하루를 회상하며, 기억에 남았던 일에 대해 이야기한다. – 오늘 하루 재미있었던 일을 친구들에게 말해줄 수 있나요? – 선생님은 우리 00반이 게임 약속도 잘 지키고 짝꿍을 잘 챙기는 모습이 보기 좋았어. 정말 멋졌어! • 선생님과 친구들에게 인사한다. • 늦게 귀가하는 유아는 통합보육실로 이동하여 놀이하도록 지도한다.	• 안전하고 질서를 지켜 귀가할 수 있도록 지도한다.

〈출처〉 S유치원 일일활동을 재구성함.

| 부록 5 | 보육실습확인서(2017. 1. 1. 이후)

보 육 실 습 확 인 서

1. 실습 이수자 기본사항

이 름	생년월일	양성교육기관명

2. 실습기관

실습기관명		실습기관 보육정원	
기관종류		최초인가일	
평가인증 유지기간	년 월 일 ~ 년 월 일	연락처	년 월 일
주소			

3. 실습 지도교사

이 름	자격 종류	자격번호

4. 실습 기간

실습기간	년 월 일 ~ 년 월 일(주간)
실습시간	총 시간(매주 요일 ~ 요일까지, 오전 시 ~ 오후 시)

위 사람은 영유아보육법시행규칙 제12조제1항에 따른 보육실습 기준을 준수하여 보육실습을 충실히 이수하였음을 확인합니다.

년 월 일

어린이집의 원장 (인)

학과장 (인)

※ 첨부서류

1. 실습기관 시설인가증 사본 1부 2. 보육실습 지도교사 자격증 사본 1부 3. 실습 지도교사 1인당 3명 이내의 보육 실습생 지도 확인서. 단, '13. 3. 1.이후 「어린이집지원시스템」을 통하여 보육실습확인서를 출력한 경우 첨부서류를 제출하지 않아도 됨

부록 6 보육교사 자격증 발급신청서 양식

■ 영유아보육법 시행규칙 [별지 제11호서식]

[ ] 어린이집의 원장 / [ ] 보육교사 　자격증　 [ ] 발급 / [ ] 재발급 　신청서

접수번호	접수일	처리기간 14일

구분	항목	항목	사진
신청인	성명	주민등록번호	사진(3cm×4cm)
	주소		
	전화번호(휴대전화)	전자우편	
자격 종류	어린이집 원장 [ ] 일반 [ ] 40명 미만 [ ] 가정 [ ] 영아 전담 [ ] 장애아 전문		
	보육교사 [ ] 1급 [ ] 2급 [ ] 3급		

※ 학력, 근무경력 및 보수교육란은 발급 신청 시에만 작성합니다

구분	부터	까지	최종학교명 (교육훈련시설명)	전공 또는 부전공 학과목	학위등록번호 (수료증번호)
자격 종류	. . .	. . .			
	. . .	. . .			
근무 경력	부터	까지	근무 어린이집 명칭	자격 구분(등급)	발령자
	. . .	. . .			
	. . .	. . .			
	. . .	. . .			
보수 교육	부터	까지	교육훈련기관	교육훈련 내용(직무교육, 승급교육)	
	. . .	. . .			
	. . .	. . .			

재발급 신청사유(재발급 신청 시에만 작성합니다.

「영유아보육법」 제22조 및 같은 법 시행규칙 제18조에 따라 위와 같이
([ ]어린이집의 원장, [ ]보육교사) 자격증 (재)발급을 신청합니다.

년 월 일

신청인 (서명 또는 인)

귀하

구분	첨부서류	수수료
발급 신청시 첨부서류	1. 공통: 사진(6개월 이내에 촬영한 탈모 정면 상반신 반명함판) 1장 2. 어린이집의 원장 자격증 발급신청자: 자격증 사본, 경력증명서, 졸업증명서, 성적증명서, 사전직무 교육 수료증 등 자격을 증명할 수 있는 서류 3. 보육교사 자격증 발급신청자: 대학 또는 이와 같은 수준 이상의 학교의 졸업증명서·성적증명서 및 보육실습확인서(다만, 보육실습확인서는 1998년 3월 이후 졸업한 해당자만 한정합니다), 교육훈련시설 수료증(해당자만 첨부합니다), 보수교육 수료증(승급자만 해당합니다), 경력증명서 등 자격을 증명할 수 있는 서류	수수료 10,000원
재발급 신청 시 첨부서류	1. 자격증(훼손된 경우만 해당합니다) 2. 사진(6개월 이내에 촬영한 탈모정면 상반신 반명함판) 1장	

참고문헌

강민정, 김민희, 배소연(2018). **영유아 교수학습방법.** 경기: 공동체.

고영미(2011). 유아교육실습지도를 위한 실습지도교수와 예비교사 간 e-멘토링 모형 개발. **유아교육연구, 30**(1), 447-473.

교육부, 보건복지부(2019). **2019 개정 누리과정 놀이이해자료.** 세종: 교육부.

김명순, 황혜정, 박영림, 김지연(2013). 국가직업표준능력(NCS): 보육분야 개발 과정. **한국아동학회 추계학술대회 발표자료집,** 152-156.

김정희, 문혁준, 김혜연, 김민희, 최윤희, 강혜경(2021). **6주 보육실습.** 서울: 창지사.

박은혜(2018). **유아교사론(제5판).** 서울: 창지사.

박은혜, 조운주(2020). **반성적 실천을 위한 유아교육실습(3판).** 서울: 창지사.

박찬옥, 곽현주, 이예숙, 오경숙(2020). **6주 보육실습.** 경기: 양성원.

보건복지부(2013). **어린이집 표준보육과정에 기초한 영아보육프로그램 2세.** 서울: 보건복지부.

보건복지부, 한국보육진흥원(2017). **양성교육기관에서의 보육실습지도.** 서울: 한국보육진흥원.

서울특별시교육청(2019). **2019 유아 · 놀이중심 교육과정 운영 사례 자료집.** 서울: 서울특별시교육청.

성남시육아종합지원센터(2021). **성남시 보육교직원 인성교육.** 성남: 성남시육아종합지원센터.

신혜원, 민성혜, 김의향, 신윤승(2016). **보육교사론.** 파주: 양서원.

양수영(2019). **보육실습.** 서울: 학지사.

윤은경, 이미나, 김형수(2021). **예비영유아교사를 위한 보육실습.** 서울: 동문사.

이미화, 강은진, 김은영, 김길숙, 엄지원(2016). **보육교사 양성과정 및 보육실습 매뉴얼 연구**. 서울: 육아정책연구소.

이선경, 이은정(2007). **보육실습**. 서울: 창지사.

임부연, 김성숙, 송진영(2018). **유아교사론**. 파주: 양서원.

장휘숙(2000). **아동연구방법**. 서울: 창지사.

조부경, 백은주, 고영미(2018). **영유아교사론**. 파주: 양서원.

조성연, 이정희, 황혜정, 나종혜, 양성은(2011). **아동관찰 및 행동연구**. 서울: 신정.

중앙육아종합지원센터(2021). **제4차 어린이집 표준보육과정 놀면서 자란다: 0~2세 보육과정**. 서울: 중앙육아종합지원센터.

중앙육아종합지원센터(2021). **제4차 어린이집 표준보육과정 놀면서 자란다: 3~5세 보육과정**. 서울: 중앙육아종합지원센터.

푸르니보육지원재단(2020). **푸르니어린이집 질 높은 보육을 위한 교사 역할의 실제**. 서울: 다음세대.

한혜경, 박부숙, 백지숙, 박윤조(2021). **보육교사를 위한 6주 보육실습**. 서울: 동문사.

Ross, D. D. (1989). First Steps in developing a reflective approach. *Journal of Teacher Education, 40*(2), 22-30.

저자약력

조성연 연세대학교 생활과학대학 아동학과 졸업
연세대학교 대학원 Ph.D.
현) 호서대학교 인문사회대학 유아교육과 교수

정진화 중앙대학교 사범대학 유아교육과 졸업
중앙대학교 대학원 Ph.D.
현) 호서대학교 인문사회대학 유아교육과 조교수

보육실습

초판발행 2022년 3월 5일 **1판 1쇄 인쇄** | 2022년 3월 10일 **1판 1쇄 발행**

지은이 조성연 정진화
펴낸이 최용구 | 펴낸곳 도서출판 **신정**
주소 (04316) 서울시 용산구 원효로 89길 19 (원효로1가)
전화 02)3211-4782, 0266(영업부), 3211-4783(편집부), 3211-4784(팩스)
이메일 shinjeong72@naver.com | 홈페이지 www.sjbook.co.kr
등록 2001년 5월 11일 제13-702호
기획마케팅 최용구 장만동 최충구 진소희 | **책임편집** 석기은 황가연

ISBN 978-89-5912-797-9 93370
정가 15,000원